顾方舟画传

刘 静 汤国星 著

中国科学技术出版社
·北京·

图书在版编目（CIP）数据

顾方舟画传 / 刘静，汤国星著 . -- 北京：中国科
学技术出版社，2023.1（2024.7 重印）
（家国情怀）
ISBN 978-7-5046-9319-8

Ⅰ . ①顾… Ⅱ . ①刘… ②汤… Ⅲ . ①顾方舟（1926—2019）—
传记—画册 Ⅳ . ① K826.2-64

中国版本图书馆 CIP 数据核字（2021）第 249768 号

责任编辑	彭慧元
责任校对	邓雪梅
责任印制	徐　飞
封面设计	中文天地
版式设计	北京麦莫瑞文化传播有限公司

出　　版	中国科学技术出版社
发　　行	中国科学技术出版社有限公司
地　　址	北京市海淀区中关村南大街 16 号
邮　　编	100081
发行电话	010-62173865
传　　真	010-62173081
网　　址	http://www.cspbooks.com.cn

开　　本	710mm×1000mm　1/16
字　　数	176 千字
印　　张	10.25
版　　次	2023 年 1 月第 1 版
印　　次	2024 年 7 月第 2 次印刷
印　　刷	德福泰（唐山）印务有限公司
书　　号	ISBN 978-7-5046-9319-8 / K·336
定　　价	49.00 元

编辑委员会

前言

2010年5月，"老科学家学术成长资料采集工程"（简称"采集工程"）正式启动。这项工作致力于搜集、整理、保存、研究中国科学家的学术成长资料，以此记录和展示中国科学家个人科研生涯与中国现代科技发展历程。老科学家是中国科技事业的宝贵财富。新中国从一个贫穷落后的农业国，成长为一个日益繁荣富强的科技大国，在这一过程中，无数科技工作者献出了辛勤的工作。"十四五"规划关于完善科技创新体制机制中明确"要弘扬科学精神和工匠精神，加强科普工作，营造崇尚创新的社会氛围"。

书写和阅读科学家传记，一方面为学习他们为国家、社会做出的科学成就和贡献，另一方面也是为传承科学精神、汲取科研经验，最重要的是发扬他们难能可贵的精神品质。通过一幅幅真实的照片，将科学家一路的成长、面临的困难、取得的成就娓娓道来，故事资料来源于"采集工程"，由"采集工程"学术传记的作者执笔，科学家本人、家属与学生，科技史学者把关，真实呈现科学家的科学人生故事。在这样真实动人的故事里，让青少年感受前辈的人生选择，体验科学人生的悲喜忧戚，并以更高、更远的视角穿越历史，追随科学大师的人生脚步，开创属于自己的道路。

期望读者和我们一起通过阅读科学家的故事，了解和走近科学大师，领略科学家昂扬的风采、宽广的胸怀，让年轻一代从前辈手中接过"家国"责任，将炙热的青春融入飞速发展的新时代。

序

顾方舟先生让中国儿童搭载上了健康的方舟，使几百万儿童免于罹患小儿麻痹症，数万人免于死亡，为国家作出了历史性的、不可磨灭的贡献。应当说，在中国消灭小儿麻痹症的伟大进程中，顾先生带队研发出的疫苗，是最重要且具有决定性意义的科技手段和产品。这一疫苗研制生产的过程，不可谓不艰苦、不可谓不专注、不可谓不成就巨大。加上后来他们父子试药的故事，无不体现出顾方舟先生作为一名科学家的睿智，一名中国士子的担当。

除了脊灰疫苗，顾方舟先生还是力推将乙型肝炎计划免疫列入我国婴幼儿计划免疫的关键性人物。众所周知，我国乙型肝炎感染率的奇迹般下降是因为疫苗的推广，特别是婴幼儿疫苗的使用，而顾先生在这个决策中发挥了重要作用。

在肠道病毒的研究和疫苗的研制上，顾方舟先生也做了大量先期工作。另外在推动性病、麻风病等疾病的控制方面，顾先生作为中国医学科学院的院长也都起了很关键的作用。

在管理方面，顾先生同样成绩卓著。1984—1992年，顾先生担任中国医学科学院北京协和医学院院校长长达8年，期间他大力推进了院校的科学研究和教育事业发展。比如，在他任期内，中国医学科学院在食管炎、肝癌、肺癌、子宫颈癌、白血病、高血压、冠心病、动脉硬化等重大疾病的病因学、发病学研究，以及防治等方面取得了重大进展。其中，绒癌的根治疗法及推广、兴奋剂检测方法的研究与实施等4项研究成果获得了国家科技进步一等奖，充分体现了中国医学科学院作为国家最高医学研究机构的引领作用。

应当说，顾先生是科学技术家、是战略科学家、是卫生管理家、是医学教育家，还是我们医界的领导人。他是协和的顾方舟、是医科院的顾方舟、是医学界的顾方舟、是国家的顾方舟，也是人类的顾方舟。他的功劳和成就功在当代，利在千秋，泽被子孙。

我们为中国医学界有顾先生这样一位学者、教师，以及科学家而自豪，我们也为中国医学科学院北京协和医学院有这样的一位院校长而自豪。我们在这里缅怀顾先生，回顾他的成就，完全无意于刻意抬高顾先生，但是我们发自内心地评价他：一位伟大的科学家，一个学界的楷模，青年的榜样，民族英雄，国家脊梁。

2019年1月2日，顾方舟先生终其一生。陶行知先生曾言，"人生为一大事来，做一大事去。"我们认为，这句话也恰恰是对顾先生人生的最好写照。当今社会，很多人的人生在无穷尽地做加法。而顾先生一生"做一大事"的经历则启示我们，凡事贵在专，贵在坚持不懈。因而可以说，真正的人生应当是做减法甚至是除法，因为世俗的很多东西最终都是虚无的，而有些核心的东西即便舍命也要努力去争取。

顾先生一生只做一件事情，就是做了一个小小的"糖丸"。就是这样一个糖丸，实现了于社会、于人类的巨大价值，不仅成功控制了中国脊灰，也在很大程度上推动了人类控制脊灰的进程，这就是一位医学科学家对人类的贡献。

顾先生去世以后，我们看到他被互联网上的年轻人亲切地称为"糖丸爷爷"，而在纪念"糖丸爷爷"的文章下面，点赞之多、言辞之切都让我们动容，这是社会自发地对一个人的最高评价和尊敬。

顾方舟院校长虽然离开了，但他以身树起的人生丰碑，在深刻地启示并强烈地感召医科院和协和医学院，以及中国医学界的后来人，真正做到于医、于民、于国、于世界、于人类有大作为。

祈顾方舟先生英灵在天安详！

王辰

2023年1月2日

目录

第一章 求学之路

家道中落

1926年6月16日，顾方舟在美国人创办的上海红房子妇产科医院诞生。当年，能够在这家医院生宝宝的产妇都家境殷实。凭借浙江鄞县营造商的家底，顾方舟的父亲顾国光在东吴大学毕业，于1923年顺利考进上海海关，当时海关是令人艳羡的拥有"金饭碗"的机构。

▲ 上海红房子妇产科医院建筑老照片

1

▲ 上海海关名册（1925 年）

▲ 顾方舟祖籍鄞县顾家村村口的牌楼

▼ 顾家村依河而建的民居

▲ 顾方舟的父亲顾国光与母亲周瑶琴
　（20世纪20年代）

▲ 顾方舟的父亲顾国光（坐）与
　二叔顾国华（站）

　　1928年，顾国光奉调到北方最大的码头海关——天津关。在上海和天津生活的几年是顾家最幸福的时光。顾国光夫妇与弟弟顾国梁，儿子顾方乔、顾方舟、顾方奎、顾方方，七口之家其乐融融。顾方舟印象中的父亲儒雅、整洁，待人和蔼可亲，是一位彬彬有礼的绅士，常常身着一身挺括的西装，母亲总是把父亲白色的衬衫熨烫得平整、舒展，皮鞋也擦得一尘不染，这种气质影响了顾方舟一生。

　　母亲周瑶琴同样出身于鄞县洞桥镇一户书香门第，她受过良好的教育，与丈夫相敬如宾，全家生活殷实、美满。

　　天有不测风云。美好安定的日子，在顾方舟6岁那年戛然而止——父亲顾国光在天津病逝。

▲ 全家福（左起：顾方舟、顾方乔、母亲周瑶琴、顾方方、父亲顾国光、顾国梁，1930年4月）

　　1931年春夏之交的一天，顾国光登上一艘来自非洲的货轮做例行检查，不幸
被一只酷似蚊子的小虫叮了一口。顾国光起初只是觉得叮咬处有点痒，并没放在
心上。谁知几个月后突然发烧，寻常的药吃下去怎么也不退烧。顾国光夫妇从小
医院辗转到大医院，才得知是可怕的黑热病，罪魁祸首是当初叮咬他的叫作白蛉
的吸血昆虫。

　　黑热病又称内脏利什曼病，传染源是患者和病犬（癞皮狗），传播媒介白蛉是
一种与蚊子类似的吸血昆虫。每年5—8月为白蛉的活动季节，白蛉吸吮患者的血

液时，病原虫进入白蛉体内并发育繁殖成鞭毛体，7天后白蛉再次叮咬人时将鞭毛体注入人体。病原虫主要寄生在患者的血液、肝、脾、骨髓和淋巴结中。14世纪，黑热病曾肆虐欧洲，短短5年间导致欧洲1/3的人口死亡，可见其凶险。

惊慌不已的周瑶琴将重病的丈夫送到了北京，期盼北京的大医院能挽救丈夫的生命。可惜已病入膏肓，顾国光撒手人寰。

顾家的天仿佛塌了一般。孤立无援的周瑶琴，带着四个年幼的儿子和小叔子，离开天津，投奔鄞县洞桥镇前王后周村的娘家。

顾方舟的外婆家并不富裕，田地不多，全家主要靠教书为业的大表哥维持。孤儿寡母六口的到来，表哥表嫂热情接待，把最好的房子腾出来安顿他们，外婆家的亲戚们撑起了顾家的天。慈眉善目的外婆、嫁到同村的姨妈，都给予了他们无微不至的关怀照拂。

顾方舟清楚地记得：当时宁波霍乱流行，一个邻居得霍乱死了，灵堂就设在家里，与他们一墙之隔。四五岁的顾方舟到处跑，可能进过那家灵堂，感染了霍乱。外婆背他到宁波康宁医院，治疗折腾了不少日子，好歹保住了性命。

在外婆家的这一年里，母亲周瑶琴思虑最多的是：怎么撑起这个家？怎么抚育这几个孩子？并让孩子们有个好的生活和好的前程。周瑶琴明白假如自己改嫁了，孩子们就有可能寄人篱下，饱受委屈。只有自己去工作这一条路可走！自己从事小学教员的薪水无法养活这么一大家子人，怎么才能实现让孩子上大学的宏愿呢？联想自己生育孩子时的不菲开销，颇有主见的周瑶琴想到以助产士为业。

世间事说起容易做起难。那时经济发达地区的助产士与医生一样是需要从业资格的，必须经过三年专业学习才有可能获得助产士资格，而且有年龄限制。好在天无绝人之路，顾国光生前购买了保险，去世后海关给了遗属大约400块银元。在当时这是一笔不菲的保险金，有这笔钱保底，周瑶琴做出了关系顾家命运的两个决定：送大儿子顾方乔上宁波最好的学校翰香小学，自己报考杭州广济产科专门学校。周瑶琴当时瞒报了年龄，也未提及自己已是四个孩子的妈妈。

翰香小学

1931年，周瑶琴在宁波城里租了房子，送大儿子顾方乔上了翰香小学，并请母亲过来帮助带孩子，自己备战杭州广济产科专门学校的考试。顾方舟依稀记得，他们住的地方叫同仁堂弄，里面有一个大杂院，住的人家境都不富裕，他们一家人在那个大杂院里租了一间房。那时江北岸比较繁华，哥哥常带他去江北岸玩，具体玩什么就记不清楚了。

1932年，周瑶琴顺利考上杭州广济产科专门学校，临行前又把顾方舟送进了翰香小学。

▲ 20世纪30年代的翰
香小学

▶ 今日的翰香小学

▲ 火灾后在"飞盖园"旧址上新建的鄞
　县私立翰香小学球场全景

▲ 鄞县私立翰香小学教学楼，已列为
　宁波市的文保建筑

　　翰香小学历史悠久，迄今已跨越两个世纪。学校以"恒勤"为校训，注重文言文和英文学习，也重视音体美教学和社会劳动，音体美的老师也都是专科毕业的。翰香小学设施是全区最好的，教室宽敞，教学仪器设备齐全。学校设有室内乒乓球房，两个操场和一个篮球场，学校的后花园有音乐室。为培养学生的自治管理能力，学校设有虚拟市长，下设银行、邮局、法院等部门，是浙东学校中首创的，在全国也是少有的。那时在翰香小学读书的学生只要小学毕业，钱庄、银行抢着要。民国十九年（1930年）学校建成藏书楼，古今书籍五千余卷，内有珍本《四库全书》《万有文库》等，地方人士也可阅览。当地素有"中学效实，小学翰香"之美誉。翰香小学的学费昂贵，每学期学费18块银元，可以说是一所贵族学校。顾方舟入学时，正是翰香小学鼎盛时期。

　　家道中落的孩子最敏感。学校固然是好学校，但失去父亲的荫庇，顾家的经济状况也大不如从前。虽然顾方舟唱歌演戏的启蒙、漂亮的行楷训练源自翰香小学，但三年里感受更多的是酸涩。尝遍了孤儿寡母、留守儿童的种种痛楚，受够了嫌贫爱富者的白眼。

一次，学校安排学生排练戏剧，形象俊朗的顾方舟被安排扮演乞丐，仅仅因为同学觉得他们家会有乞丐的服装。小方舟回家把此事讲给外婆听，外婆勃然大怒，说："怎么能这样对待我外孙子呀？！"但是为了孩子能够在学校正常上学，外婆还是按照学校的要求，拆了一些破袍子，连夜给他改制戏服。穿上戏服时引起了同学的讥笑嘲讽，倔强的小方舟感到无比愤怒和委屈！此情此景，顾方舟暮年时依然历历在目。

除了小孩子，甚至一些老师也戴着有色眼镜看小方舟。一次，老师布置写毛笔字。小方舟的字本就写得不错，又写的认真，写完后他得意地将写字本交给老师，期盼着老师的表扬。谁想老师看了之后，扶了扶眼镜，看着他沉默了半晌，说："你回到座位，重写一遍。"过了好一会儿，小方舟突然明白："老师不相信这字是我写的呀！"他一言不发，回到座位，蘸了墨汁，再次一笔一画地写了起来。

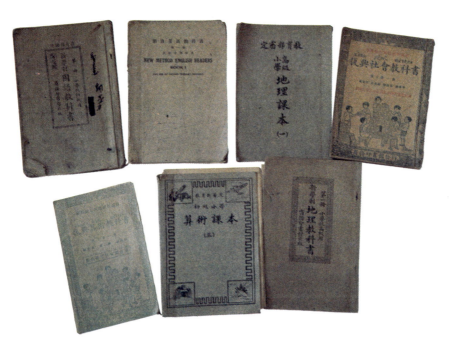

▲ 民国时期翰香小学各学科的教科书

墨汁落在纸上洇开，像一滴滴泪从心头滑落。写好后，他昂首挺胸地把作业交给了老师。老师也许有些愧疚，也许仍是不屑，收了作业后就不再言语了。小方舟感觉心里空落落的。

小方舟也遇到过正直的好老师。一次音乐考试，考试内容是唱一首学过的歌曲。一位男生严重跑调，在全班的哄笑中，这位同学红着脸唱完了歌。看到这个情形，小方舟心里踏实了：自己唱的本就比他好很多，这些天又勤加练习，一定能得高分！轮到他时，带着自信和愉悦的小方舟，走到老师跟前开始唱歌。清脆的歌声如欢腾的泉水卷着浪花奔跑着，同学们也情不自禁地鼓起了掌。然而公布成绩时，小方舟却拿了低分！

敏感的小方舟立刻意识到，这是因为自己家没钱被老师看不起，小方舟难受到了极点。

令小方舟稍感欣慰的是，另一位熟识他的音乐老师，特地关注了分数。这位老师在发现小方舟竟然得了低分时，立即向打分的老师询问情况。在她的仗义执言下，打分的老师才勉强给小方舟调高了分数。这位老师的关爱，对于顾方舟来说如同黑暗中的一缕光。

盼望着，盼望着，妈妈回到身边的日子终于到了。1935年2月，周瑶琴怀揣着由内政部长、政务代理部长和卫生署长签署的助产士证书回到了宁波，她具有了独立开业的资格。

母亲在天津开业

周瑶琴选择了在天津开业，当时的天津十分繁华，她和丈夫在天津曾生活过数年，对天津很熟悉；天津的宁波老乡多，丈夫的故旧多，必要时能够得到帮助；

天津人口多，产妇也多，活计不愁。

为了创业，周瑶琴独自一人坐上津浦列车直奔天津。因为人熟地熟，并凭借助产士证书，很快得到了当时天津市市长商震签发的《助产士开业执照》。随后她将顾方乔、顾方舟、顾方奎、顾国梁接到天津，顾方方留在了故乡。

20世纪30年代，天津是全国纺织业、面粉业、化学工业等领域的中心。一批实力雄厚的宁波商人，在天津开设钱庄、金店、绸缎庄、五金商号、洋行、房产公司、轮船公司，还代理洋人在天津经营猪鬃、皮毛、山货、棉花等进出口业务。宁波人非常重视乡情，"宁波帮"的家眷，成为周瑶琴助产医院的主要服务对象，在他们的帮扶下，很快周瑶琴就能维持一家人的生计了。

在顾方舟印象中，最初他们家住在一个叫三德里（今属和平区）的地方，是母亲租的一间楼房，也是母亲接待患者的地方，迎面墙上可见的是天津市市长签发的《助产士开业执照》，类似正规医院的产床、器械、大柜子、小柜子、箱子等都具备。母亲的工作非常辛苦，大多是晚上甚至半夜接生，而且接生的所有工作都是母亲一个人完成，从产前准备消毒包到产后复诊等。

顾方舟回忆说，有两位医生是他们家的恩人，至今不忘："我父亲有位姓钟的朋友，是位老先生，也是一位医生。看着我们一家孤儿寡母的讨生活不易，不时给予帮助，还曾

▲ 顾方舟三兄弟天津合影（左起顾方舟、顾方奎、顾方乔）

把房子租给我们用。另一个难忘的恩人叫丁懋英，她是一位挺有名的妇产科医生，丁大夫对我母亲帮助很大。我母亲是助产士不是医生，没有资格处理类似于难产等问题，这种时候母亲就请丁大夫帮忙。"给母亲介绍产妇的好心人就更多了，他们大多是宁波老乡。"

▲ 1935年6月，由天津市市长商震签发的周瑶琴助产士开业执照

历尽千辛上名校

1935年夏秋之交，母亲把顾方舟送入同乡所办的天津市私立浙江小学读四年级，学生以浙江籍为主，学费不高，外省子弟酌收。但顾方舟在这里仅念数月，便转到竞存小学去了，因为新学校更好，周瑶琴希望在力所能及的条件下，给孩子提供更好的学习条件！当时，竞存小学新聘的校长罗玉燕是丁懋英的挚友，而丁懋英与周瑶琴私谊甚笃，在丁懋英的帮助下，顾方舟与哥哥顾方乔一起走进了这所名校。

天津市档案馆的一份"天津市私立竞存小学校高年级毕业考试表"上，看到竞存小学考试一共考8天，科目有：作文、劳作、书法、美术、地理、音乐、公民、体育、珠算、国语、历史、自然、英文、算术，共计14门。在当年一个小学校德智体美劳全面发展甚是难得，一般的学校恐怕连这么多老师的薪资都付不起。

1938年秋，顾方舟考入"津东第一校"——河北昌黎汇文中学。顾方舟与哥哥顾方乔，都是在天津读完小学，考入这所名校的。

1910年建校的河北昌黎汇文中学，前身是美国基督教会创办的成美学馆，于1922年更名为汇文中学。汇文中学以"朴、诚、勤、敏"的"昌汇精神"，高质量的教学水平，成为享誉华北的"津东第一校"。汇文中学的管理体制先进有序，并且学校有一批懂教育、愿意为教育献身的教育家。虽然昌黎是个小县城，但是大城市的孩子，甚至日本、韩国的孩子，千里迢迢到这里求学。

徐维廉担任昌黎汇文中学校长时，在完善工读方案、注重实际教育的基础上，千方百计地扩建校舍，增添设备。从1930年起，他陆续用从国内外募集的资金，为学校修建了运动场、科学楼、幼稚园、图书馆等设施，增建和更新了教员宿舍、医药室、盥洗室、招待室、浴室、厕所等，学校的面貌大为改观，设施和设备日趋完善。1931年，汇文中学在河北省教育厅立案，改建为河北省私立昌黎汇文中学。同年，为便于本校高中毕业生升学，徐维廉亲赴母校燕京大学磋商，敦请燕京大学在昌黎汇文中学特设考场，给予优先录取的照顾。因此昌黎汇文中学每年考入燕京大学的学生人数较多。

顾方舟的母亲周瑶琴把两个儿子都送进距离天津300多里远的昌黎汇文中学，除了经济因素和慕其"津东第一校"的教育水准外，更重要的是周瑶琴希望儿子们

▲ 河北昌黎汇文中学的贵贞楼

▲ 河北昌黎汇文中学的教学楼三号楼

将来考上燕京大学的医预班，最终考进鼎鼎大名的北京协和医学院。顾方舟入校后感受到学校管理到位，老师素质高，特别是英语教得好，大多数老师都给他留下了很好的印象。学校有一个很好的图书馆，是顾方舟喜欢去的地方。开始是老师鼓励他们去图书馆查参考资料，后来变成了主动去查资料。图书馆里大量的文学名著如饕餮大餐，让顾方舟流连忘返，甚至一度做起了文学梦，若不是不敢违背母亲的心愿，他真想做一名像鲁迅一样的文学家，他对世界有数不清的期盼与诉求要表达。

除了文学，顾方舟最喜欢体育。有一位体育老师，不仅体育水平超群，而且对顾方舟的思想也有很大的影响。他经常对学生说："以后想有出息，你就得有强健的体魄，你必须要把我这个课上好。"他没有讲打倒日本帝国主义，可是言下之意同学们也都明白，都非常喜欢这个体育老师。

顾方舟的哥哥顾方乔学习极其刻苦，几乎门门功课优秀。顾方舟回忆说："在初中的时候，我不像哥哥那样用功，他念书念得好，净争第一名、第二名。我不去争第一、第二，我就是玩体育，我喜欢体育。初中在昌黎那几年，我打下了很好的篮球、网球基础。"

顾方舟初中毕业顺利考上了燕京大学附属中学的高中，仅过了半年"太平洋战争"爆发了，日本封了燕京大学的门，顾方舟只好转入天津一所公立高中继续读书。

公立高中的教学质量较差。一路名校走来的顾方舟，第一天走进那所公立中学，一上午的课没有听完就绝望了：教师水平之差、学生素质之低不可想象。他问自己：这就是以后要学习三年的地方吗？从这里还能够考上协和吗？

顾方舟回到家把学校的情况告诉了母亲。说完之后他又内疚起来：母亲负担已经如此沉重，自己怎么可以再向母亲提要求？教会学校虽然好，但是学费昂贵！

"那我们就不去这个学校！"没等顾方舟理清思绪，母亲做了决定，"再穷我们也要好好读书！我们上法国人办的教会学校！"

1942年年初，顾方舟通过考试走进了法国人办的天津工商学院附属中学（现在的天津实验中学）。顾方舟明白：没有母亲投亲靠友打通关系，左支右绌筹措学费，自己连考试的机会也没有，自己唯有珍惜机会、努力学习，才能对得起母亲。

顾方舟的母亲给他选择的这所法国教会学校，位于天津的马场道。罗马风格的主楼坐南朝北宏伟壮观，正面临马场道建筑庄重而不失典雅，由法国永和营造公司设计，1926年建成并投入使用。

工商附中前身为工商学院预科，是专门为普通中学毕业生升入工商学院做准备的。根据工商学院专业性很强的特点，为学生补习法文、数学等专业知识，保

▲ 原天津工商学院主楼，现为天津外国语学院主楼

▲ 原天津工商学院附属中学校歌

▲ 原天津工商学院附属中学校旗、校训

证为工商学院本科输送优秀人才，因此学校对预科非常重视。课程分为主要课程、次要课程和普通课程。考试分平时记分、星期考、月考和期末考。对各门功课通过日、周、月和学期的口试、会试和笔试等严格考核，作为是否升班的依据。

工商附中的学生读书蔚然成风。在校园里，特别是小树林里，清晨、傍晚都有学生在背课文、背英文单词，高年级学生以用英文原版教材为荣。学校图书馆虽然面积不很大，但藏书很丰富，阅读者、借书者川流不息。

工商附中的体育活动开展得好，学校一年四季都有体育比赛，每学期都举办全校运动会。学校考试虽多、要求虽高，但学生们劳逸结合，学习生活很轻松。

由于是大学的附中，工商附中的一些课程是由大学教授亲自担纲。比如化学

▲ 顾方舟（左）与顾方乔在工商附中校园　▲ 顾方舟（右）与顾方乔于工商附中楼前

▲ 顾方舟（右1）、顾方乔与恩师合影留念（1944年）

▲ 顾方舟（右）与顾方乔（1946年）

▲ 工商附中毕业纪念册（1944年）

▲ 顾方舟照片和留言内页（1944年）

课，采用英文原版教材《应用化学》（*Practical Chemistry*），任课教师是庆沃会和伍克潜。庆沃会早年留学法国，是工商学院的应用化学教授；伍克潜毕业于北洋大学，是工商学院的分析化学教授。化学实验讲义是伍克潜所编，实验室由郝杰管理员专门负责管理，井井有条。

英语阅读课主要采用刘荣恩老师所编的《高中英语阅读》（*Senior English Readings*），文章多选自当代英语书籍、报纸、杂志等。语法课除英籍教师白克德（Boycoff）自编的《英语语句及语法运用》（*The English Sentence，Its Grammar*）外，还采用原版《标准英语》（*Correct English*）等。学校还自编有《课外英语阅读》（*Supplementary English Readings*）多种校内教材供同学课外自行阅读。为鼓励学生学好英语，附中的高中部每年都要举行英语背诵比赛。由此可见，学校对英语学习的重视。因此学生英语学得比较扎实，英语基础很好。

顾方舟毕业的1944年，工商附中在天津市学生学业竞赛中荣膺榜首。第二年，工商附中在天津市中小学学业竞赛考试成绩最优，获高中组第一、三名，初中组第一、二名。

第二章

北医学子

圆梦北医

1944年9月，顾方舟考上了北京大学医学院（以下简称北医）。这是中国人创办的第一所国立医学院。

1912年北医创建时，教员都是日本留学生，他们学制仿效日本，教科书引自日

▲ 大学时期的顾方舟（1945年）

▲ 顾方舟大学时期担任合唱指挥，图为组织排练中

19

▲ 顾方舟（左1）在西单背阴胡同北大医院与同学合影
（1947年）

本。日本的医学校在明治维新以后几十年间，完全照搬德国的医学教育制度；20世纪20年代，北医派遣学生公费留学也选择德国，这些学生回国后按德国的教学方法教学。1912—1942年，北医外文教学大都采用德文和日文，这一时期德国和日本的医学科学在世界上是占有一定地位的。

1941年年底太平洋战争爆发后，北京协和医学院被日寇占领，该校一批教授转来北医任教，他们带来的英美（主要是美国）医学教育的先进方法和先进管理理念，给学生们留下了极为深刻的印象。这些教授的教学方式灵活、管理方法先进，深受北医师生们的欢迎。受协和医学院的影响，北医进行教学改革，学制上设有大小班，大班四年制、小班六年制。顾方舟正是在这个时期考入北医的，可能是因为成绩优秀，顾方舟被分到了小班，并且影响他"弃医""从卫"的老师也是协和的。

解剖学是研究人体形态结构及其发生发展的科学，是学习基础医学和临床医学的基石。初次近距离接触尸体，不仅女生，男生也往往心生恐惧，尤其是伴着刺鼻的福尔马林味。顾方舟很快进入角色，表现出很强的动手能力，所以同学们曾经说他适合外科，会成为一名出色的外科医生。

当时解剖所用的尸体都是学校购买的。学校因经费拮据，一具尸体四个学生

▲ 顾方舟（后排中）与同学们（1947年）

▲ 顾方舟（前排右1）与北京大学医学院的同学们合影（1947年）

共用，从肌肉、血管到神经，学生统统都要按教程进行系统解剖、局部解剖、断层解剖等，并进行分析、讨论、理清器官之间的相互联系。因此，既要勤学苦练，还必须"死记硬背"，像四肢的骨骼，肱骨、尺骨、股骨等，颅骨就更难了，颅骨上有好多窟窿，每个窟窿都有专门的名字。顾方舟从解剖室借来头骨，因为白天学习紧张，只能晚上熄灯后抱着头骨在被窝里头摸，默记位置数窟窿，直至滚瓜烂熟。

与解剖学同时开课的还有生理学。顾方舟说："记得这门课的教授叫复原武，是个日本人，所以从心里反感他，不愿意上他的课。"这位日本老师不会说中国话，顾方舟回忆说："现在想起来那时候真有点偏激了，你学的是一门科学，所以

▲ 顾方舟在西单背阴胡同北大医院课后与同班同学合影（1948年，顾方舟二排右1）

应该把这门课学好，如果顺便把日文学好也
是不错的事情。"他说至今还记得青蛙的日语
发音。

要当大医生

在基础学科里，顾方舟最喜欢的课程是严
镜清教授讲授的公共卫生学，严镜清教授讲课
宁波口音浓重，其他同学听起来费劲，顾方舟
听着却倍感亲切，尤其是严教授常常提及的兰
安生教授，兰安生教授的故事与他心灵深处忧
国忧民的情结产生了强烈的共鸣。

▲ 享誉中外的公共卫生学家兰安生
（1890—1962年）

兰安生这个名字对顾方舟来说是陌生的，
但说起兰安生的父亲兰雅谷院长和华美医院
（现为宁波市第二医院），顾方舟既熟悉又亲
切，脑海里立即浮现起姚江边上那古朴雅致的
华美医院华美楼。

如果说兰雅谷在宁波闻名遐迩，他的儿子
兰安生则享誉全球。兰安生在宁波读完初中
后，16岁回加拿大读高中，1913年考入密歇根
大学医学院，1918年进入洛克菲勒基金会国际
卫生部，1920年在约翰斯·霍普金斯大学获公
共卫生硕士学位。1921年，兰安生受洛克菲勒

▲ 青年时代的严镜清

▲ 北平第一卫生事务所

基金会指派，出任北京协和医学院公共卫生学系首任系主任、教授。在中国高等医学教育史上，兰安生首次专门为医学生教授公共卫生学课程，开启了中国预防医学之门，留下了不朽的名言"一盎司的预防，胜过一磅的治疗"。在他的启迪下，培育出李廷安、陈志潜、叶恭绍等中国第一代公共卫生事业人才。

顾方舟在北医求学时期，对

▼ 兰安生（前排右2）与北京协和医学院教师合影

他影响最大的严镜清教授是兰安生的高足与"信徒"。

严镜清在1936年获得美国哈佛大学公共卫生学院公共卫生学硕士学位后，立即回国从事中国的公共卫生事业。他除了在协和医学院公共卫生系担任教师外，还积极投身于兰安生先生创建的北京市东城区第一卫生事务所与河北省定县农村卫生实验示范区的建设。据悉，今天在全球影响力巨大的社区卫生理念，首创于兰安生先生建立的北京市东城区第一卫生事务所。

顾方舟听一位参与煤矿公共卫生调查的同学讲矿工们惨不忍睹的卫生境遇，泪水忍不住夺眶而出。顾方舟明白，在一个医生稀缺的国家，只有献身公共卫生事业，一个医生才能够惠及更多的国民，才能够发挥更加积极的作用。

要当"大医生"的目标在顾方舟的心里日益清晰，他的理想得到了严先生的赞许与支持，严先生不断地给予他鼓励。

革命摇篮什邡院

什邡院是京西的一个小村庄，位于公主坟南边，紧邻当时的国民党华北"剿匪"总部。1946年暑假前，北医细菌科进步教师方亮副教授曾带领学生在什邡院做井水污染调查。

1947年4月的一天，方亮在平津快车上偶遇一位叫刘昌言的农场主，言及他一直想在什邡院村里办一个诊所为附近老乡看病。当时已是中共地下党员的方亮，回校后立即向支部反映，支部的王光超、王锦江、方亮和彭瑞聪经商议决定，每人先取工资的5%作活动经费，并约一些北大医院医生及部分高年级同学义诊。1947年6月2日下午，他们在农场的一个大厅里办起了门诊部，取名什邡院保健院。每周四下午及周日全天，师生轮流为附近村民义诊。大家骑车带饭，天亮就

▲ 纪念什邡院保健院五十周年，顾方舟（右3）与当年的医疗队成员合影（1997年）

出城、天黑才回城，每次能诊治一百多名病人，参加这项活动的师生到暑假就累计达到四五百人。地下党支部决定，利用什邡院保健院作为党培养干部、联系同学的基地。

中共地下党在国民党"剿匪"总部的眼皮子底下办起了自己的"党校"，顾方舟在此受益匪浅。同学们白天为农民治病，晚上地下党支部组织同学们读书讨论甚至辩论问题，讨论最热烈的是人生观问题。人为什么活着？为什么人民解放军的纪律是铁的纪律？共产党是一个什么性质的党？这个党是由什么样的人组成的？什么是正确的恋爱观、婚姻观？等等。通过这段生活，顾方舟懂得了一个人应该为人民的幸福而活着、而战斗，懂得了共产党是为人民谋幸福的一个政党。什邡院保健院的生活结束后，顾方舟开始寻找党，希望成为其中的一员。

1947年5月4日前后，北大各院系联合组织了"五四"纪念周活动。5月16日北大院系联合会成立。北平地下党学委决定，配合自上海开始的全国性"反饥饿、反内战"运动。北大医学院由学生自治会出面，参与了声势浩大的"五二〇"大游行，北医学生、教师、护士组成的救护队带着药品和担架参与了游行。

▲ 学生"反内战、反饥饿"游行队伍（1947年5月20日）

　　大游行胜利结束后，大家斗志昂扬意犹未尽，以高天祥、李崇培（李从培）、顾方舟、翁永庆为主的一些同学，在中南海运料门北医学生宿舍的操场上商议组建话剧社团。最终大家一致赞同意寓意深刻的"长庚社"作为社名，"长庚"意喻曙光在前。

　　"长庚社"的剧本基本都是社员集体创作的，比如大型话剧《卫生局长》，其主题是揭露知识分子在国民党统治下备受压迫剥削，度日如年，而贪官污吏却过着荒淫无耻的腐朽生活。在北大四院国会街礼堂演出，几百个座位座无虚席，演出结束时掌声不绝。作为主演，顾方舟的精彩演艺，场场都给观众留下了深刻的印象。

　　"长庚社"很快就成为北医规模较大、影响力很强的社团，他们所演的多是活报剧，灵活而富有战斗力，主题鲜明、富有感染力。演出地点有时在学校里，有时就在马路边。但是，在当时的北平，演出随时可能遭到国民党特务和反动学生的阻挠破坏，甚至有被捕入狱的风险。1947年7月，北医学生党组织建立了党的外围群众组织——民主进步青年联合会，简称"民进"，组建"民进"的目的是团结更多的同学共同进步。"民进"发展会员的要求是：有进步要求的医学院同学，承

▲ 长庚社成立，剧团成员于中南海运料门前合影（1947年5月20日，顾方舟后排左2）

认会章，经一名会员介绍，即可参加。"民进"为秘密组织，由两三个人组成一个小组，定期或不定期召开小组会，学习革命理论，积极参加学生运动。党支部要求党员要把自己周围的积极分子先发展为"民进"成员，然后在其具备党员条件时进一步发展为党员，顾方舟是"民进"的第一批成员。

加入"民进"以后，顾方舟更加积极参加学生运动并且冲锋在前。1948年春天，

▲ 顾方舟（后排右1）与长庚社剧团的部分成员合影（1947年）

解放军已经进入战略反攻的重要历史时刻。国民党为了维持其摇摇欲坠的统治，变本加厉地迫害进步学生。4月9日凌晨，数十名暴徒闯入北平师范学院学生宿舍，毒打正在酣睡的学生自治会的同学，并抓走了8人，由此成为"四月风暴"的导火索。当天，北平各大专院校学生6000余人，聚集在新华门国民党北平行辕前抗议。在新华门前，顾方舟面对荷枪实弹的国民党士兵，不断以其特有的高亢声音带头高呼"不放人就冲

▲ 顾方舟（前排端枪者）与北大同学排练枪毙汉奸的话剧（1949年）

进去！"，斗争一直持续到深夜，当局最后释放了全部被捕学生。

在激情澎湃的岁月里，顾方舟与"民进"中的一位女生相识相恋了。李以莞出生于北京一书香门第的大家庭。家在北京繁华的西单北大街西侧的胡同里，是一座三进三出的四合院。李以莞能够勇于走上街头参加游行，投身革命，除了受到了同学们的影响，顾方舟更是"功不可没"。

▲ 大学时代的李以莞

秘密加入共产党

　　1948年，顾方舟入党了，入党牵头人是他的弟弟顾方奎。秋季的一天，顾方奎似乎漫不经心地对哥哥说："我的校友张硕文，现在在你们理学院念书，他想和你谈谈。"顾方舟说："好呀！"顾方奎接着说："那这个星期天的上午，在北平图书馆（现址在文津街，国家图书馆古籍部）的××地方有一张长椅，你手里拿一张报纸，坐在那看报，来找你的人手里拿着一本杂志。你们见面后，姓名对上了就可以放心地谈了。"机敏的顾方舟立即就明白了，内心十分激动——这一天终于来临了。

　　那一天，顾方舟准时坐在了那张长椅上装作读报。不一会儿，一个戴眼镜、拿着一本杂志的男青年径直走过来坐在了顾方舟的旁边。男青年轻声地说："你

▲ 顾方舟在医院儿科实习时与患儿合影
（1949年）

▲ 顾方舟（后排右1）在北京医院实习时与同学合影
（1949年）

▲ 顾方舟（三排左4）在北京大学医学院与同学们

是顾方舟？我是张硕文。"顾方舟马上说："我是顾方舟。"第一次见面，谈话时间不长。张硕文趁四下无人迅速塞给顾方舟一本《党章》，说："你先好好看看这个。"两人约定了下次见面的时间地点便分手了。第二次见面时张硕文问顾方舟看完《党章》的感受，又直截了当地说："根据我们对你的了解，你的预备期是三个月。"虽然顾方舟疑惑"预备期怎么只有三个月？"但他仍默默记下了这一天：1948年10月12日，三个月后顾方舟成为一名中国共产党正式党员。

1948年年底，城工部指示北大党组织团结师生，保护校产，反对南迁，搜集情报。北医地下党的主要任务是护校和组织医疗队。护校工作主要是保护学校财产免遭国民党的破坏和积极主动向专家教授宣传共产党的方针政策，动员他们留下来建设新中国。组织医疗队也是北医地下党的重要任务，为了准备解放北平的战场救护，顾方舟他们忙着组织医疗队的训练，收集急救用具和药品。一旦解放北平的战役打响，他们将立即投入战场的急救。后来顾方舟才知道，他曾经上了国民党的第三批黑名单。

　　1949年1月31日，人民解放军浩浩荡荡进驻北平，北平和平解放，历史掀开了新的一页。

▲ 顾方舟与母亲周瑶琴、叔叔顾国梁（前排左1）、大哥顾方乔（前排右1）和弟弟顾方奎（后排右1）于天津合影留念（1949年）

难忘的大连卫生研究所

1950年7月，毕业季到了。当时的医学毕业生远远不能满足社会的需求，他们都可以当上临床医生，但不是所有人都可以成为外科医生。顾方舟是公认的适合做外科医生的人。

一天饭后，宿舍的同学们热闹地聊起了毕业分配，唯有顾方舟不说话。有人把他带入了话题："小顾，你是想做外科医生吧？看你那双手，打针、做实验那么灵巧，学校一定会分配你

▲ 顾方舟（左3）在北京医院实习时的师生们合影（1949年）

做外科医生！"

"我才不做外科医生呢，当医生一年才能救几个病人？我要研究公共卫生。做这个，一年能拯救成千上万的人。一盎司的预防，胜过一磅的治疗！"顿时全屋哑然。

很快，宿舍楼楼静人空。同学们基本上各随所愿，大部分留在了新中国的首都北京。1950年9月，组织调顾方舟到大连卫生研究所工作。大连卫生研究所的主要工作是传染病的疫苗研究与生产，尤以鼠疫和天花为重，是新中国成立初期我国东北地区重要的天花疫苗生产基地，每年能生产四千万人份的疫苗。顾方舟被分配到大连时，组织上将他安排在噬菌体科，跟随苏联专家葛罗别兹女士，学习研究痢疾噬菌体。

葛罗别兹在莫斯科是主持噬菌体研究的，她来中国后，主要是研究痢疾的噬菌体。葛罗别兹不懂中文，顾方舟又不懂俄文，他们的交流只能用英语。于是，顾方舟自学俄文，后来他又参加了所里举办的俄语学习班。葛罗别兹女士从苏联

▲ 顾方舟（二排左5）在北京大学医学院与同学们合影

▲ 20世纪50年代的大连卫生研究所

带来一本书，是关于生物制品的生产和制造的，顾方舟觉得有用，他就买了一本《俄英大词典》试着翻译这本书。那时他刚刚走出校门，没有接触过生物制品技术，于是一边翻译一边向苏联专家请教。葛罗别兹对此给予顾方舟很高的评价，认为他是一个有心人。

顾方舟在研究所繁忙而愉快地工作着，唯一时刻惦记的是母亲。二十多年来，母亲千辛万苦把他们兄弟养大，都念了大学，家里的担子该自己挑了。他决定接母亲来大连亲自奉养。

母亲很快就到大连与儿子相聚，她盼望这一天很久了，但是习惯了工作和忙碌的她无法接受赋闲在家。大连卫生研究所里给周瑶琴安排在幼儿园。不久，周瑶琴被任命为幼儿园园长，她慈祥、耐心、博爱，孩子们对她充满敬爱。因工作成绩优异，周瑶琴还被评为大连市优秀工作者。

1951年夏天，所里派顾方舟到中朝边境

▲ 顾方舟母亲周瑶琴在大连任幼儿园园长

的小城丹东，试图用噬菌体制剂控制部队的痢疾流行。当时没有什么好的办法治疗痢疾，也没有什么有效的药物，研究所派顾方舟带着噬菌体制剂试试防治功效。

顾方舟背着几箱噬菌体制剂，紧急赶赴丹东的部队医院。正当他忙着观察噬菌体制剂的效果时，所里却发来电报让他立即返回大连。顾方舟感到迷惑，这才刚来没几天，工作还没有完全展开，怎么就要返回了呢？甚至没顾上去看望正在志愿军东北军区司令部后方医院管理局医院工作的未婚妻李以莞，他便连夜赶回了大连。

一到所里就有同志高兴地对他说：恭喜你小顾，所里选派你到苏联学习。那时候能够被选派到苏联学习是所有年轻人的梦想，用万里挑一形容绝不为过。顾方舟有点懵，以为是同事开玩笑。见到廖鉴亭所长后，顾方舟还没开口汇报工作，廖所长就笑眯眯地说："小顾，祝贺你被选为留学生了！"廖所长还告诉顾方舟，这批由中国政府选派到苏联留学的科技人员一共是375人，来自全国各行各

▲ 周瑶琴（前排中）与幼儿园的同事们合影留念（1956年1月）

业，医学方面一共是30名。廖所长详细询问了顾方舟有没有什么困难，有没有需要组织上帮助解决的问题，还笑眯眯地对顾方舟说："小顾啊，去苏联前，把婚结了吧！"

此时顾方舟真不知道怎么回答：去苏联留学，一去就是四年，还怎么结婚？即使想结婚，找婚房、置办家当、操办酒席、邀请亲友，哪一样是说结就结得了的呢？再说留学在即，日子以天为计，时间上也不允许啊！面对家长般的领导，顾方舟把种种顾虑一股脑都倒了出来。

廖所长当即叫来了总务科长，当着顾方舟的面，廖所长对科长说："咱们的小顾要去苏联啦，所里要帮帮忙，让他走之前把婚给结了，这事就交给你办了！"在仔细安排之后对顾方舟说："这事你就别操心了，好好准备去苏联的事，到了那边就代表我们所、我们国家了！"

在顾方舟眼中天大的困难，廖所长似乎挥挥手就解决了。真的赶在动身前的8月8日，所里在北京把顾方舟的终身大事办得圆圆满满。廖所长的关怀，像春风一般吹进顾方舟的心田，他暗下决心一定要拼命学习，才能对得起所长的关爱！

由于时间仓促，婚前连结婚照也没拍一张。8月9日一早，新婚夫妇和母亲一同前往照相馆拍结婚照、与母亲的合影。在两张照片的背面，顾方舟都写有留言。夫妻二人结婚照的留言如同结婚誓言一般：我们要在祖国的伟大建设工作中来培养我们的爱情。

在母子媳三人照片背面的留言，依依惜别之情溢于言表：我们于1951年8月8日在北京结婚，此照摄于8月9日。9月13日我将赴苏联留学，离京前我们俩人互勉："我们要在祖国的伟大建设工作中来培养我们的爱情。"

▲ 顾方舟与李以莞的结婚照（1951年8月9日）

▲ 结婚照背面的爱情宣言

▲ 母子媳的三人合影（1951年8月9日）

我们于1951年8月8日在北京结婚，此照摄于8月9日。9月13日我就赴苏联留学，离京前我们俩人互题："我们要上祖国的伟大建设工作中来培养我们的爱情"。

当日，我们和母亲合照留念。

▲ 照片背面的留言

周总理设宴践行

1951年7月，经过千挑万选的375名留苏学生云集北京燕京大学。《人民日报》不无骄傲地描述道："此次留学生中大部分是具有长期革命斗争经验的革命知识分子。"

国家为留学生们量身配备了堪称奢侈的全套装备，男生的服装庄重体面，女生的服装漂亮高雅。从春夏秋冬的服装到鸡毛蒜皮的小物件一应俱全，光是服装，就有棉大衣、西服、领带、中山装、衬衣、睡衣、毛衣、工作服、皮鞋、皮帽，女生还配备了不同季节的裙装，除此之外每月还有800卢布的生活费。所有的这一切，都是国家为他们置办的。提起这沉甸甸的皮箱，顾方舟他们感受到祖国对他们寄托着无限的期望，感受到自己肩上沉甸甸的历史重任。

留学生们在燕京大学集中，共同补习俄语。来自不同部门的领导给他们讲形势、讲政策、讲任务，临行前还宣布了一件令所有人都振奋的消息：周总理要在北京饭店为留学生们践行！

北京饭店是北京当时最高级、最著名的大饭店。大宴会厅可开50桌酒席，地毯柔软无声，灯火金碧辉煌。大家落座后，周总理即席发表了热情洋溢的讲话，将祖国人民的全部期待归结为十六个字："责任重大，任务艰巨，努力学习，为国争光"。他语重心长地说："你们每一个人出去学习的费用等于60位农民一年的收入，所以你们一定要好好学习。争取考5分，如果考4分在党支部要受批评，考3分的话自己背着铺盖卷回来。"

在顾方舟心中周总理就像一座高峰，他崇拜已久。今天周总理就在眼前，更是让他心潮澎湃！他立刻站起身来，跟身边的同伴说："我们去给周总理敬酒怎么样？"在顾方舟的提议下，大家端着酒杯走到周总理身边，顾方舟紧张得把想好的祝酒词全忘记了，磕磕巴巴地说道："周总理，我们给您敬酒！"

周总理微笑着像拉家常一样问他："你是学什么的呀？"

顾方舟激动地答道："我是学医的。"

由于太紧张，周总理后来又问了什么，他又是怎么回答的，顾方舟全都记不清了。但是顾方舟牢牢地记住了周总理说的"一个留学生的费用是60个农民一年的收入，要努力学习，回报国家"，这一记就记了一辈子。在以后坎坷的岁月里，始终是他砥砺前行的动力源泉。

更让顾方舟终生难忘的是，日理万机的周总理于9月13日亲自前往车站送行。375名留学生如同即将上战场的士兵，大家穿着统一的中山装，气宇轩昂，整装待发。周总理检阅了队伍，与他们握手告别。

经过七天七夜的长途颠簸，留学生们终于抵达莫斯科，受到了苏方热烈的欢迎和接待，大家很快被分配到各自对口的单位学习。顾方舟选择的是病毒学，他被分在莫斯科第一医学院，可当时这里没有病毒学科。顾方舟了解之后，几经周折打听到有一个专门的病毒学研究机构——苏联医学科学院病毒研究所。他去病毒研究所的申请得到了批准，研究所安排他在脑炎研究室，跟随著名的脑炎病毒专家列夫科维奇教授主攻乙型脑炎。

初到莫斯科的日子

由于是第一批留学生，两国都准备不足，对留学生进行语言培训的时间太短，到了课堂上语言问题就暴露出来了：比学不会更严重的是听不懂。即使像顾方舟这样有英语基础，又跟随苏联专家学习过一段时间，还上过几天俄语培训班的人，依然是一头雾水。一堂课下来，笔记本上只留下零零落落、前后不搭的几个单词。

在苏联，大学授课是没有现成教科书的。讲课时，老师只在必要的时候，比如描述公式才在黑板上写板书，其他时间都是口述授课。考试一般也围绕平时讲课的内容，因此课堂笔记尤为重要。每天，顾方舟怀着紧张的心情走进教室，盼望能比前一天多听懂一点。

语言不通发生的生活笑话也比比皆是。比如顾方舟在食堂里因为看不懂菜单，只好乱指一通，结果是想吃的没点，不想要的却端了上来；乘公交车时，他看不懂站名，又不知怎么问路，只好一站一站地在心里数，以免出错。

面对语言关，顾方舟迎难而上。他买了一本俄汉词典，再加上自己制作的可随身携带的单词卡片，进入了疯狂的俄语闯关。为了解决语言问题，顾方舟与在莫斯科的沈渔邨、邹贤华、王锦江组成了俄语学习小组，由一位苏联女教师辅导。他们一起读书、一起背单词、互相鼓励，让枯燥的语言学习有趣了许多。

第一批留学生到莫斯科一年后，恰逢新中国成立三周年的国庆节。同学们在莫

▲ 1951年，俄语学习小组师生合影（左起顾方舟、沈渔村、俄语教师、邹贤华、王锦江）

▲ 20世纪50年代苏联旅行时，顾方舟摄于列宁像前

▲ 1952年7月顾方舟从莫斯科寄给
母亲的照片

斯科大学礼堂，参加了隆重庆祝中华人民共和国成立三周年晚会。活动由莫斯科大学的学生组织，准备了好多节目。晚会前，他们突然提出主持人得要有一个中国学生。当时有人提议让顾方舟上台去主持，当天登台表演的不仅有莫斯科大学的学生，还有苏联的功勋歌唱家、音乐家。晚会结束的时候，主持取得了成功，大家都称赞顾方舟。顾方舟的俄文辅导老师特别高兴，一个劲儿地说：这是我的学生。

　　国内有代表团来苏联访问，不时要顾方舟去做翻译，他自己为了提升语言能力也经常去做志愿者。1953年4月，著名核物理学家钱三强率中国科学院代表团访问苏联，顾方舟以翻译身份随团参观访问。这次随团，顾方舟接触了一大批享

▲ 钱信忠（右）、顾方舟（左）与苏联老师合影（1952年）

▲ 顾方舟在莫斯科红场留影（1952年5月1日）

▲ 顾方舟（中）与中苏同学一起参加"五一"国际劳动节游行（1952年5月1日）

誉国内外的科学家：数学家华罗庚、建筑学家梁思成、植物学家吴征镒、中国近代天文学奠基人张钰哲、语言学家吕叔湘等。大师们的学养与人格魅力让他获益匪浅，更加坚定了他科学报国的决心。

　　按计划，留学生每年休探亲假、回国过年。到了年底，在万里之外的留学生们只有一个念头，回家过年。可是张闻天大使却对他们说："你们第一批留学生这四年甭回国了。你们放假的时候，可以到集体农庄去，或者到休养所去，多接触接触当地的老百姓。"顾方舟家里不仅有老母亲等着他，还有新婚的妻子翘首以盼，他也多次写信给李以莞，计划着美好的新年。

▲ 中国科学院代表团在苏联基辅市乌克兰诗人谢甫琴柯博物馆参观（右3顾方舟，1953年）

　　留学生们体谅国家还处于抗美援朝的战争中，小家必须服从大家。顾方舟回忆说："现在想起来张闻天大使说得也对，要学习苏联，不接触老百姓，光学点书本知识哪行，必须跟当地老百姓多接触多了解。大使馆给留学生们安排从莫斯科到伏尔加河流域等地的集体农庄、休养所参观休假。"

　　留学生们去了不少地方，接触当地老百姓，逐渐融入苏联社会，他们俄语水平得到提升，苏联的国情也了解了许多，还提高了交际能力。

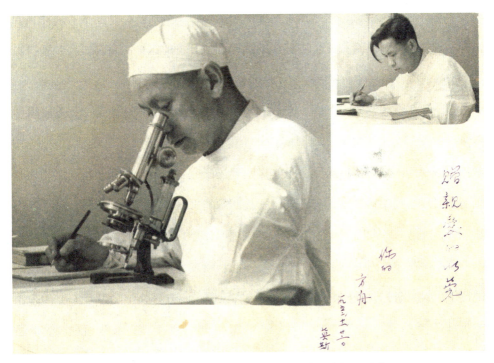

▲ 顾方舟留苏期间镜下观察乙型脑炎小白鼠大脑组织病理变化的照片（1952年）

荣获"副博士"

顾方舟攻读研究生的苏联医学科学院，创建于苏联卫国战争时期，是苏联医学科学研究的中心，该院的病毒研究所赫赫有名，也是许多中国留学生梦开始的地方。很多中国留学生曾在这里学习深造：中国科学院院士、著名生化学家戚正武，中国工程院院士、著名病毒学家侯云德，中国科学院院士、著名肿瘤学家吴旻，中国工程院院士、中国现代精神病学奠基人沈渔邨等。

顾方舟的研究生课题是"乙型脑炎的免疫机理和发病机理"。这个课题涉及面比较大，研究生一般是不会选择做这么大题目的，可是顾方舟觉得乙型脑炎在我国发病率高、危害性大，这是国家需要的研究项目，毅然选择了这个实用性强的课题。导师列夫科维奇教授也支持他的选择。顾方舟的这个决定与日后开展脊髓灰质炎的研究，冥冥中有密不可分的联系。

第一，在脑病毒研究上，顾方舟得到了系统的训练。从阅读论文到苏联医学科学院的图书馆去查文献，当时的资料全部靠手抄写，有时图书馆里没有座位，站着摘抄有用的信息。后来顾方舟回忆四年的研究生生活，实际上是训练和培养如何做科学研究的历程。提出问题、解决问题的思路，自己设计实验，最后得出结论，完成这么一个程序。

第二，在导师列夫科维奇教授的指导下，顾方舟对病毒引起脑炎的发病机理进行了深入的研究，其核心是病毒如何侵害大脑。顾方舟晚年说："我研究的是乙型脑炎的发病机理，这个题目选的有点太大了，因为这个问题不是一两项研究就能够说明的。所谓发病机理，就是大脑受到病毒的感染后如何使脑细胞和脊髓细胞发生病理变化的。我认为乙型脑炎发病的原因是病毒侵犯大脑、侵犯了脊髓，所以发病。但是病毒怎么到大脑的？因为病毒从血液到大脑有一个屏障——血脑屏障，阻碍各种各样的病原体进入

▲ 顾方舟在苏联留学期间（右起钱信忠、潘世征、顾方舟、唐素恩）

▲ 顾方舟留苏期间（1952年）

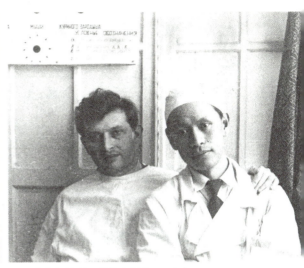
▲ 顾方舟与苏联同学的合影（1953年）

神经系统，病毒是怎么进去的呢？我在研究脊髓灰质炎的时候同样遇到了这个问题，小儿麻痹是脊髓灰质炎病毒侵入脊髓，破坏了脊髓的前角运动细胞，使得患者瘫痪或者使大脑某部分受到损坏，那它是怎么进去的呢？有的人说是从血液进去的，有的人说是从神经进去的"。

第三，顾方舟留学带回来的组织培养技术，在"脊灰"的研究上发挥了重要作用。组织培养作为当时的新技术，为顾方舟以后在中国开展"脊灰"研究开启了成功之门。1949年，美国微生物学家恩德斯（1897—1985年）用来自人类胚胎的组织（流产的），成功地培养出小儿麻痹症病毒，从而开辟了组织培养各种病毒的新纪元。病毒在体外经组织培养成功，为探索小儿麻痹疫苗开辟了道路，因此美国在"脊灰"疫苗的研发上世界领先。顾方舟是中国第一批掌握此项技术的专家。

在留学的日子里，顾方舟就像上了发条的机器人，几乎没日没夜地在图书馆和实验室之间穿梭。每天早上天还漆黑一片的时候，他便起床匆匆赶往图书馆。

▲ 顾方舟（前排右1）在苏联医学科学院病毒研究所脑炎室与同室的研究生同学一起做试验（后排左1 C.德罗兹多夫，曾任俄罗斯医学科学院脊髓灰质炎及脑炎研究所所长，1952年）

▲ 顾方舟（二排左1）毕业前与导师列夫科维奇教授（二排左2）及病毒研究所脑炎研究室的同事们合影（1955年）

▲ 顾方舟（最后1排中，柱下站立者）与病毒研究所的同事们欢聚一堂（1955年）

一有新发现或者新思路，他又抓紧时间做试验，仅试验用的小白鼠，就用掉了几千只。

1955年5月，经过四年的努力，顾方舟完成了他的毕业论文——《乙型脑炎的免疫机理和发病机理》，里面的数据都来自他亲手所做的实验。论文答辩顺利通过，顾方舟获得了副博士学位。这是苏联时代的研究生学位，相当于世界各国的博士学位。

重任在肩

1955年9月，时年29岁的顾方舟回国后，被安排到卫生部直属的流行病学研究所（现为中国疾病预防控制中心传染病预防控制研究所）任脑炎室副主任，继续从事在苏联开始的乙型脑炎的研究。

流行病学研究所位于北京昌平县（现为昌平区）的小汤山，是国家为应对朝鲜战争的细菌战于1953年紧急建设的。建所之初，这里就汇聚了一批国内顶尖学者，如陈文贵、魏曦、王善源等都成了后来的中国科学院学部委员（即后来的中国科学院院士）。因属保密单位，加之防疫需要远离人群，所以研究所位置偏僻，四周围以高大的灰墙，远看仿佛一座城堡。研究所大门口日夜有两个解放军站岗，对外通信地址使用代码"昌平流字5号"，在外界看来十分神秘。

顾方舟所在的研究室，所内称作"二室"，主要研究方向是乙型脑炎的发病机制，组织上给他配备了三位实习研究员和一位技术员（顾方舟的妻子李以莞），以及几位工友。顾方舟第一次拥有了自己的科研团队，他在以后的工作中充分展露出了科研团队领军人物应当具备的组织才能。

▲ 全国十二年科学规划时医学组的专家们合影［前排左起：徐科、诸福棠、×××、沈其震、李振肃、朱丽霞、林巧稚、许迪、×××、白希清、李河民、顾方舟；中排左起：薛公绰、薛愚、吴阶平、容独山、张为申、钟惠澜、邹贤华（此后4人均未知姓名）；后排左起：杨简、魏曦、张孝骞、吴征镒、黄家驷、×××、×××、刘思职、×××、×××、王锦江等，1956年6月14日］

　　顾方舟对科研人员要求很严，但他总是循循善诱、态度和蔼，真诚地教导每一位科研人员在自己的岗位上认真负责、精益求精。当实验结果不满意时，他从不指责科研人员，而是亲自一步步回顾实验过程寻找原因，搞清楚究竟哪个环节出了问题。包括实验步骤、实验动物、高压消毒、试管洗刷等，所以大家由衷地佩服他的学识和修养。

　　在国外学到的技术并不意味着就能在国内延续，因为当时国内的科研条件实在是太差了。比如组织培养需要小牛血清，国外已经商品化了，但是中国没有。那时研究所在乡下，离昌平县城很远。顾方舟带着实验室的人，骑着自行车背着采血设备，到昌平县找有关部门寻求帮助，有人建议他们到屠宰场去试试。在屠宰场，顾方舟跟那里的领导说："以后什么时候有小牛要出生，请您提前通知我们来采血。"当年的科研人员就是这样攻坚克难的。他们从未因条件艰苦而影响过实验进度，也从不以此为苦。按当时流行的话说：有条件要上，没有条件创造条件也要上。每当屠宰场的电话通知来了，不管是烈日当头，还是刮风下雨，大家都争先恐后骑上自行车抢着去采小牛血。在顾方舟率领下，研究队伍真的成了"一条龙"，这支队伍的骨干以后跟随他到大上海开辟脊髓灰质炎（以下简称"脊灰"）疫苗研究的新战场，接着在北京建立全国第一个"脊灰"研究室，生产出第一批国产"脊灰"活疫苗，再接着挥师南下，建成我国"脊灰"疫苗的研发基地，惠及了全国亿万儿童，这支队伍的每一位都成为优秀的科研骨干。

临危受命

1957年5月，苏联医学科学院病毒研究所病毒学教授索柯洛夫，应军事医学科学院的邀请来中国办班讲学。因顾方舟在苏联时给他留下了良好印象，索柯洛夫点名请顾方舟做他的专职翻译和助手。既通晓俄语又精通病毒学的顾方舟，被借调到当时在上海的军事医学科学院工作。

临近出发的一天，中国医学科学院办公室通知顾方舟，卫生部副部长崔义田要找他谈话。顾方舟急忙赶到卫生部面见崔义田副部长。崔副部长严肃地对顾方舟

▲ 相儒以沫：顾方舟和李以莞（1957年）

▲ 崔义田率团出席在莫斯科召开的第26届全苏外科大会时参观莫斯科外科研究所 [左起：吴英恺、涂通今、崔义田、潘世崴、维希涅夫斯基（所长）、刘义、巴里加（印度）、黄家驷，1955年1月]

说："先放下脑炎的研究，专职搞脊髓灰质炎的防控研究。"

顾方舟回忆说："我问崔部长您的意思是让我一辈子搞这个事儿？他说对，让你一辈子搞这个，要解决脊髓灰质炎的问题。领导既然交给我这个任务，我就努力干，所以我是带着使命到的上海。"

新中国成立后，对传染病的防治取得了举世瞩目的成绩，但对脊髓灰质炎（俗称小儿麻痹，简称脊灰）这种传染病却束手无策，罹患儿童非死即残，并且该病在全国呈蔓延趋势。脊髓灰质炎是继20世纪初我国东北三省发生鼠疫以来，危害程度最大、流行范围最广的传染病。

我国最早的"脊灰"记录始于1882年，到1938年已有14个省市有散发病例报告。1953年，卫生部将此病列为法定报告传染病，自此疫情报告日趋增多，发病区域不断扩大。1955年，脊灰在江苏南通地区和山东青岛市发生流行，发病率分别为每10万人32.1和37.6。1959年南宁市脊灰的发病率竟高达每10万人150.6。脊灰因其非死即残并且无药可治，在流行地区造成相当程度的恐慌。南宁的夏季酷热难忍，但家长们却把孩子关在屋里，并且紧闭门窗，完全不顾暑热天气，只希望孩子不得小儿麻痹。

1955—1959年几个城市脊髓灰质炎发病率

年份	城市	发病率（每10万人）
1955	南通	32.1
1955	青岛	37.6
1957	上海	36.2
1958	济南	53.9
1959	上海	29.9
1959	南宁	150.6
1959	柳州	58.3
1959	昆明	61.6
1959	青岛	53.9

（本表原载于邓岗主编《新中国预防医学历史经验》第三卷，1998年，137页）

挑起了崔部长下达的千钧重担，顾方舟向领导提出要带实验组去上海，因为团队已经做过"脊灰"病毒的流行病调查工作，可以利用上海比较好的实验条件，进一步展开"脊灰"病毒学的研究。

作为诊断病例，我国第一例"脊灰"病例是1930年协和医学院谢少文教授报告的。

1957年夏天，上海"脊灰"流行。顾方舟带领团队从传染病医院和儿童医院临床确诊和疑似"脊灰"的住院患儿中，收集到726份粪便标本，取其中344份标本

▲ 顾方舟与院校党委书记钱昌年（右1）看望谢少文教授（1990年）

分离病毒。在344份标本中，有281份标本确诊为"脊灰"，其余63份为乙型脑炎或脑膜炎等。用猴肾单层上皮细胞培养法分离出病毒140株，经过定型，确定"脊灰"病毒的有116株，其余24株病毒不能用型特异免疫血清鉴定。在116株"脊灰"病毒中，Ⅰ型97株，占83.6%；Ⅱ型15株，占12.9%；Ⅲ型4株，占3.5%。与此同时，他们还研究了"脊灰"病毒分离率与临床症状以及取标本日期和粪便悬液接种量之间的关系。

　　这项研究，不仅标志着"脊灰"病毒的分离与定型方法在我国成功的建立，而且第一次用病毒学和血清学方法，证实我国的"脊灰"流行以Ⅰ型为主。

受任于危难之际

1958年8月，顾方舟结束了上海的工作回到北京后，被安排到位于宣武区南纬路2号的中国医学科学院病毒学系报到，被任命为病毒学系脊髓灰质炎研究室主任，这个新成立的研究室此前只是脊髓灰质炎研究组。从"1958年北京市托儿所内健康人带脊髓灰质炎病毒率及带病毒变动情况调查"中可见，北京的疫情已经相当严重：本调查证明在流行季节北京市托儿所内健康人带病毒率很高，有病例发生的托儿所内带病毒率高达20%—40%，无病例发生的为10%，证明脊髓灰质炎病毒在北京市儿童集体中广泛散播。

最让顾方舟感到心情沉重是，一天有一位中年妇女背着身染"脊灰"病毒的儿子费尽周折找到他，把他当作唯一的救星。中年妇女对顾方舟说："顾大夫，你把我的孩子治好吧，他以后还得走路，参加国家建设呢。"顾方舟说："同志，抱歉，我们对这个病还没有治愈的办法。唯一可行的方法是到医院去整形、矫正，恢复部分功能，可完全恢复到正常不可能。"那位家长呆坐在走廊的长椅上直到很晚才走。面对前所未有的巨大压力，没有一点可借鉴的经验，顾方舟只有那支在流行病学研究所组建、经过上海初战"脊灰"的队伍。他在实验室的墙上，贴上非常醒目的标语，人们无论走进实

▲ 中央卫生研究院旧址

验室、还是在试验中，抬头就会看到七个醒目的大字"为了祖国的花朵"，顾方舟以此来鼓舞团队士气。

不仅如此，顾方舟还专门请来北京防疫站的苏建池，也是罹患小儿麻痹的孩子家长，给大家讲小儿麻痹患儿给家庭究竟带来了什么。原本聪明活泼的孩子，一场发烧之后便瘫痪在床，基本的生活都不能自理，从全家的希望，变成全家永久的负担。苏建池用切肤的感受讲述着孩子患病后的种种不幸，没有亲身经历难以体会身心疲惫的痛楚，讲着讲着苏建池不禁潸然泪下。

在残酷的事实面前没有一个人无动于衷，为了亿万儿童早日摆脱脊髓灰质炎的威胁，研究团队像上了发条一样，夜以继日投入疫苗的研发中。

随沈院长昆明建站

根据"1958—1962年中苏两国共同进行和苏联帮助中国进行的重大科学技术研究项目"第13、15两款，决定在我国恒河猴主要栖息地云南与苏方共同组织猿猴生物站，以供生产"脊灰"疫苗及进行放射遗传学和其他实验生物学等研究之用。

中国云南具有亚热带的地域优势，可以大量饲养用于医学试验的恒河猴、种植热带亚热带药用植物，中方任务的承接单位是中国医学科学院。

1958年8月1日，中国医学科学院收到卫生部文件：关于筹建猿猴生物站问题，因属于中苏合作22项之内，已统一批准不另行单独下达任务，即刻着手筹建，故我部决定责成中国医学科学院立即着手筹建工作，所需经费由本部计划财务司在国务院批准的一百万元内拨发，如此项经费实在不足以同时完成药用植物研究所、云南实验猿猴生物站及成都生物制品所猴园三项建设之用，则应首先解决前两项，并希望年内建成。具体筹建事项及经费分配，责成中国医学科学院与有关单位洽商解决。

同月，中国医学科学院副院长沈其震率领工作组，赴云南开辟猿猴生物站和药用植物试验场。卫生部和中国医学科学院已将"脊灰"疫苗的研发生产列入紧急上马的项目。因生产"脊灰"疫苗需要大量的猴肾细胞，故决定利用猿猴生物站的恒河猴资源，在建设实验猿猴生物站的同时，立即开始筹建"脊灰"死疫苗生产基地，对外名称仍是实验猿猴生物站。

顾方舟是第一次与这位富有传奇经历的领导近距离接触。论资历，沈院长曾任新四军卫生部部长，每逢大事从容不迫；论学术，他是东京帝国大学医学院的医学博士，北京协和医学院生理学研究的前辈，熟练掌握多国语言，是中国科学院第一批学部委员。

一路上，顾方舟向沈院长详细汇报了"脊灰"研究室的工作，并提出了自己对"脊灰"防控的想法。沈院长从顾方舟缜密的研发思路，到切合实际的研究成果，发现他是一位不可多得的领军人才，沈院长当即决定将"脊灰"疫苗的领导重任交给顾方舟，命他率领一个小组赴苏联取经。

▲ 建设中的猴园

▲ 猴园

沈院长与云南省委很快就确定昆明市西北方向的玉案山花红洞为猿猴生物站站址，规划面积两百余亩。花红洞是个四面环山的小盆地，风景优美，距昆明市区15公里，与已经规划待建的中国科学院昆明动物研究所毗邻。尽管交通险阻、条件艰苦，当年的工作效率还是很高的。1958年年底，中国医学科学院抽调京内外单位的8名干部，由邱志成带队在花红洞成立了筹备组，边设计边施工，确保按期完工。为达到实验用5000只恒河猴的规模，设收购组和捕猴队。在边建设边工作的情况下，实验猿猴生物站初步配置各类人员250名，

▲ 捕猴队员在林间小憩

▲ 捕猴队员正在搭建陷阱

技术人员由中国医学科学院配备，行政干部由云南省调配。

猴园与疫苗生产基地的蓝图，由昆明的设计单位承担。数月间完成规划的19栋楼房，共计13700平方米的设计图，随之基建工程全面铺开，力争1960年年底完成死疫苗生产基地的建设任务。

为完成5000只恒河猴的任务，研究所专门成立了捕猴队，队长由罗生玕担任，捕猴队在罗生玕的带领下开进山区，队员们大多来自广西，在茫茫的原始森林中寻找猴子的踪迹，他们踏遍了西双版纳、思茅、景洪、大理永平的崇山峻岭，每

次在大山里一待就是四五个月，风餐露宿，异常艰苦。

热带雨林里，有数不清叫不出名字的虫子，其中最可怕的是旱蚂蟥，它无声无息地爬到人身上吸血，等发现的时候已经在流血了，如不及时处理会血流不止直至危及生命。除了虫子，遇上熊、老虎等猛兽也是经常的事。

热带雨林中河流密布，小船是必要的交通工具，但条件简陋，小船的安全性得不到保证。毕福林在普洱捕猴时，因小船翻入江中，献出了宝贵的生命，那年他才19岁。

美国是率先研制成功"脊灰"疫苗的国家，这可能归功于总统富兰克林·罗斯福。1921年夏天，罗斯福在一次游泳之后染上了"脊灰"导致下肢瘫痪。1938年，作为总统的罗斯福，主持建立了美国小儿麻痹症基金会，用于救治"脊灰"患者，并提高了"脊灰"疫苗研发的支持力度。在充裕的基金支持下，索尔克医生用了近9年的时间，于1953年成功研制出"脊灰"疫苗。他先后在自己、妻子和孩子身上进行了接种实验，体内都出现了相应的抗体，并且没有罹患"脊灰"。1954年，美国组织了一次在180万学龄儿童中的免疫接种实验，检验死疫苗的流行病学效果，结果证明了死疫苗的安全性与流行病学效果良好，因此美国PDA批准上市销售。这是人类继天花疫苗、白喉疫苗和流感疫苗后，疫苗研究的又一次重大突破。索尔克疫苗是一种灭活疫苗（IPV），俗称死疫苗，即把病毒杀死后，再制备成注射使用的疫苗，索尔克疫苗的有效率在80%—90%。

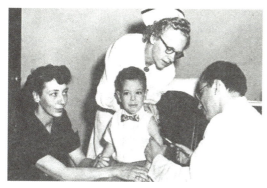

▲ 索尔克在为儿子注射疫苗，左边是索尔克的妻子

▲ 人类战胜脊髓灰质炎的先驱乔纳斯·索尔克（左）与阿尔伯特·塞宾（右）

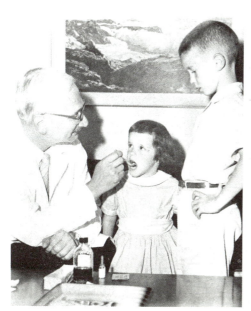

▲ 塞宾在试用疫苗

▲ 疫苗试验成功后，一家商店橱窗上面写着"Thank You, Dr. Salk"

1959年3月，春寒料峭。受卫生部和中国医学科学院委派，顾方舟启程赴苏联，学习"脊灰"死疫苗的生产技术。

与顾方舟同行的有中国医学科学院病毒学系的董德祥、卫生部北京生物制品研究所的闻仲权、卫生部成都生物制品研究所的蒋竞武，行前每个人分工明确：董德祥负责病毒分离，闻仲权负责组织培养，蒋竞武负责疫苗生产工艺，顾方舟全面负责各个环节。他们要在短期内学习掌握全套的"脊灰"死疫苗生产技术。抵达莫斯科后，苏联保健部把他们安排在正在研制"脊灰"死疫苗的俄罗斯联邦疫苗与血清研究所。

故地重游，顾方舟感觉阵阵寒意，在中苏关系即将降至冰点的时刻，顾方舟抓住历史机遇，与他的团队忍辱负重，展现出炽热的报国情怀。

▲ 顾方舟（后排左1）在苏联疫苗与血清研究所考察学习（后排左3闻仲权、后排左4董德祥、前排中蒋竞武，1959年3月）

▲ 在莫斯科考察脊髓灰质炎灭活疫苗时与病毒研究所的新老朋友合影（前排右3蒋竞武，二排左1顾方舟、右4董德祥、右1闻仲权，1959年3月）

　　疫苗的原理搞清楚容易，但研发则很艰难。顾方舟他们一边跟苏方人员共同工作，一边了解死疫苗的生产流程。顾方舟他们是带着任务学习，目的是能够快速在国内复制生产。然而在弄清楚生产工艺流程后，顾方舟敏锐地发现死疫苗不适合中国国情。因为工艺复杂，实施烦琐，尤其是昂贵的价格无法满足全国的迫切需求！

　　第一，死疫苗注射一针需要几十块钱，共需要注射三针，有可能还需要补第四针，不仅新生儿要注射疫苗，所有七岁以下的易感人群都要注射，中国有上亿儿童需要注射疫苗；第二，给孩子打针涉及安全等各方面问题，国家需要培训庞大的专业防疫队伍，这也不符合当时的国情；第三，从专业技术上分析，死疫苗虽然能降低发病率，但控制"脊灰"流行的效果不甚满意，其中最主要的原因是死疫苗只能产生体液免疫，而肠道对"脊灰"病毒仍然敏感，所以不能完全阻止病毒在人群中的传播，这种情况已被美国、匈牙利、加拿大、以色列等国的观察材料所证实。

　　正当顾方舟苦闷进退维谷之际，机遇不期而遇。

　　顾方舟巧遇留学时的苏联同学，从老同学口中获悉，在索尔克研究灭活疫苗之前，美国已有三个研究组在研究减毒活疫苗，三组研究的方法是不同的。柯普洛斯基采用啮齿动物传代适应的方法，柯克斯从鸡胚适应开始，塞宾则用组织培养技

▲ 顾方舟（右1）在病房询问患者

术作为减毒的手段。前二人所得的"脊灰"减毒病毒的弱毒性质不稳定，而塞宾三个型的"脊灰"病毒的毒力最低。1953—1956年，塞宾用9000只猴子、150只黑猩猩进行了这项研究，最后研制出一小批试用疫苗。塞宾经133名成人志愿者试用成功，然后分送给世界知名的"脊灰"实验室寻求合作。当时，美国一些病毒学家对活疫苗的安全性高度怀疑，尤其是活疫苗使用后毒力会不会出现返祖现象颇有争议。为此，美国FDA迟迟不批准塞宾进行临床试验，塞宾的研究工作只能到此为止。老同学还告诉他，苏联和美国有一个技术协定，双方共同研究"脊灰"活疫苗，也叫减毒活疫苗。顾方舟眼前一亮，自己曾经工作过的研究所正在搞"脊灰"活疫苗，那我一定要把"脊灰"活疫苗的事情搞明白。

很快机遇再次垂爱顾方舟。

顾方舟在苏联的时候，恰逢莫斯科召开国际"脊灰"疫苗的学术会议，世界各国知名学者聚集。会上针对死疫苗好还是活疫苗好的问题学者们各抒己见。一派学者主张用死疫苗，因为安全。认为活疫苗检验的时间还不够。有的学者特别强调活疫苗的毒力可能返祖。给孩子服用后，是否会随着排泄物继续传播给周围的孩子呢？传播过程中疫苗病毒会不会恢复毒力是争辩的核心。塞宾当时也在场。

另一派学者认为活疫苗使用没问题，肠道也可以免疫，而且免疫得非常彻底。

所谓活疫苗病毒返祖就是通过口腔、粪便传播，一个孩子将病毒传染给其他孩子，毒力在另外的孩子身上恢复到原来的状态。在幼儿园里，孩子们聚集玩耍时肢体接触，孩子们的玩具、衣服容易交叉传染。专家学者对毒力返祖问题的讨论成为会议争论的焦点。

这次国际会议，疫苗的安全性问题引起了所有专家们的高度重视，两种疫苗的优缺点也展露无余。在欧洲和美国是用死疫苗，而且取得了相当好的效果，专家们高度认可。对活疫苗的使用争论很大，无法形成一致的观点。

顾方舟清醒地意识到死疫苗不适合中国的国情，活疫苗成本低廉，易于推广普及，适合中国使用，顾方舟倾向活疫苗，因此他最关心的是如何避免活疫苗的缺点。

顾方舟在会上没有发言，但他陷入了深深的思索：返祖现象到底是理论问题，还是现实问题？顾方舟会后积极与曾经的苏联老师、同学探讨活疫苗研究的问题，试图得到规避活疫苗缺点的办法。有的同学说苏联也是担心毒力返祖，大量使用后万一出事了，谁能担得了责任？最后干脆说："顾，这个事儿我们也在观察，也在考虑，你回去以后，自己去研究决定吧，我们不好给你出什么主意。"顾方舟的老师丘马可夫教授是极力主张用活疫苗的，这坚定了顾方舟选择活疫苗的决心。

顾方舟抱着厚厚的会议论文，反复推敲琢磨，最终下定决心建议国家选择"脊灰"活疫苗的技术路线。在中国医学科学院科研处1959年10月第30号卷宗上，我们发现了顾方舟用漂亮的行楷书写的报告——小儿麻痹减毒活疫苗的目前状况和将来前景。从报告落款的日期看，当时顾方舟还在苏联。全文以清晰缜密的思路、科学准确的分析方法，为新中国消灭"脊灰"描绘出翔实可行的技术路线，这应当是我国确定与研发"脊灰"减毒活疫苗的第一份科学资料，在中国现代防疫史上留下了闪光的一页。

小儿麻痹减毒活疫苗的目前状况
和将来的前景

自索克完成（Salk, 1952-1954）发明小儿麻痹症
病死灭活疫苗以来到目前为止，世界上已有一
小工儿接种了这个疫苗，经过大规模
的调查研究（Francis, 1955）证明索克疫苗
是安全的，能够使麻痹型小儿麻痹减少3-4倍，
因而大大减少了此病的死亡率。

但是索克灭活疫苗有许多重大的缺点：
（1）大规模使用索克灭疫苗以来全世界这
更加令人担心的问题就是灭活疫苗所
引起的免疫力的维持多久。根据苏联某
些学者的意见，抗体水平在第二次注射后

21

小儿服用之后可以传播给周围未免疫的
小儿，使这些小儿也获得免疫。

根据 Cmipaδaнщ & Куканд 氏的材料
可以看出这个传播相当广泛，接触者带
毒的百分率最高的时间是20-50天之间
排毒量可达 $10^5 TCD_{50}$

最有兴趣的是 Cmipoδинцeь 氏的一个观
察，他研究了儿童免疫集体机构在该地区
使用活疫苗后的免疫状况（抗体调剂）
一个育婴堂内133名3岁以下小儿在该地区
用活疫苗之前有抗体的儿童仅占6%
但该地区使用活疫苗后一年，虽然这个育
婴堂没有进行活疫苗口服接种，但儿童

27

发表了在别国家地区使用他们的 I、II 型活疫苗的结果，这
次在刚果共口服免疫了 244,596人，持续后没有由于接
该苗而发生小儿麻痹的报告，也曾在四个地区在流行时
期服用 I 型 CHAT 活疫苗，服活疫苗后再没有新的麻痹
型患者发生，在1958年英国柳叶刀上发表一封世界卫生朗献
小儿麻痹研究委员会给他 Fayne1的信，信中说这个专家
委员会支持在刚果所建行的试验，小儿麻痹活疫苗
已肯以从能推广域用，除某些学者的怀疑外，还有
一些国家内部的原因。

苏联学者 Смороδинцеь及 Чума ко в 教授在推动
小儿麻痹活疫苗的工作中作出了很大的贡献，从1956年他
们就积极研究活疫苗问题，积累了丰富的材料
进一步肯定这种疫苗的安全性之后，自1958年起立即开始化

大火暴发，1947年柏林市的大爆发（发病率78.8/十万
人）应该做为我们的前车之鉴，事实上1955年我国
南通、1956年温州的大调行已经向我们敲起了警钟。

小儿麻痹目前发病率虽然不高，但都严重威
胁着每一个家庭，减毒活疫苗对我国来讲究竟是
解决小儿麻痹的一个妙法，好，省的办法，只要我
们掌握了这个武器，充充的货币，充分发动群众就
可以无短期内使该病在我国绝跡！

中国医学科学院病毒系 顾方舟
6.30.1959

▲ 顾方舟撰写：小儿麻痹减毒活疫苗的目前状况和将来的前景（1959年6月29日）

持 "宝" 回国

卫生部领导突然接到顾方舟 "不知深浅" 的意见书后，既感惊讶也深感问题的严重性，立即向苏联咨询，把电话了打到苏联保健部。因为各国专家分歧很大，当时苏联保健部也无法给中国卫生部一个明确的答复。卫生部经研究，给顾方舟重新下达了指示：既定的任务不变，但同时也要把活疫苗的情况搞清楚。

顾方舟带着新任务来到做研究生时的实验室。塞宾曾亲自写信给世界各地的 "脊灰" 实验室："你们如果愿意使用活疫苗，我免费赠送样品，请大家根据使用情况证明安全性是否可靠。"塞宾的倡议得到了丘马可夫教授的积极回应。丘马可夫教授首先认同活疫苗的作用，至于毒力返祖问题有待临床实验才能做出结论；其次活疫苗更适合苏联的国情。双方合作富有成效，俄方的实验室用塞宾提供的病毒株，已经批量生产出了活疫苗。

一天，顾方舟和他的研究生同学聊天，不经意地说："我也想研究这个活疫苗。"可能是这位老同学得到了丘马可夫教授的默许，很快老同学不仅送给顾方舟一批他们生产的活疫苗，而且还给了他一些塞宾提供的原始病毒株，这无疑是顾方舟梦寐以求的宝贝啊！

活疫苗和病毒株在室温下很快就会失效，顾方舟既怕失效又担心夜长梦多，立即与大使馆联系，同时还跟同在莫斯科的钱信忠副部长汇报。钱信忠副部长立即说："我跟大使去说，安排你马上回去一趟。"经大使特别批准，顾方舟带着样品飞回北京，没想到接机的是妻子李以莞。小两口来不及寒暄，小心翼翼地抱着 "宝贝" 生怕它跑了似的，直到将 "宝贝" 放入北京生物制品研究所的冰箱里。

在北京，卫生部专门召集病毒学界和生物制品界的专家们开会论证。由顾方舟汇报了苏联 "脊灰" 疫苗的情况，阐述自己对死疫苗与活疫苗的看法和建议。顾方舟说:"脊髓灰质炎的消灭,主要在于建立一个强有力的免疫屏障,让病毒不再侵害血液和神经系统。"能不能快速地在适龄儿童中间建立起脊髓灰质炎免疫的屏障,这是最重要的问题,同时大家也担心病毒毒力返祖问题。

顾方舟虽然拿不出说服大家的有力数据,但是他认为死疫苗在中国行不通,活疫苗的优点显而易见,为什么不大胆试一试呢?更何况"我的老师说他们是主张走活疫苗路线的"。卫生部最后研究决定,采取活疫苗的技术路线,这对我国消灭脊髓灰质炎具有决定性意义。顾方舟带回的苏联活疫苗,"卫生部党组研究决定接受这批疫苗并允许在我国几个城市试用"。

活疫苗的技术路线终于确定下来,顾方舟如释重负。1959年6月底,顾方舟乘飞机返回莫斯科,他和他的团队将工作的重点转移到活疫苗上,大家争分夺秒、不遗余力地学习,心中只有一个念头——让活疫苗在中国尽快落地生根。

第一批国产"脊灰"活疫苗试制成功

1959年9月,顾方舟一行四人回国,卫生部"关于小儿麻痹活毒疫苗大规模试用计划(草案)"已发布三个月。卫生部所属的几大生物制品研究所纷纷要在"脊灰"活疫苗生产上建功立业,力争承担"脊灰"疫苗试生产的任务。卫生部根据北京生物制品研究所的技术实力与地理位置,以及中国医学科学院强大的人才技术后盾,最终决定第一批试生产任务交给北京生物制品研究所,并组织相关单位成立了一个阵容强大的协作组,由顾方舟牵头任组长,北京生物制品研究所的章以浩任副组长。

这两位北医的老同学,为新中国抗击"脊灰"的伟大事业携手并肩配合默契。

当时处于国内物资匮乏、国际封锁的尴尬时代,也恰逢社会主义大协作,一

▲ 20世纪60年代的北京生物制品研究所

方有难八方支援，为了一个共同目标没有人掣肘的时代。为了按期保质完成中国第一批500万人份"脊灰"活疫苗试制任务，中国医学科学院等科研单位、成都生物制品研究所等生产单位，尽可能提供一切能提供的条件，要人给人，要设备提供设备。就这样经过一年的奋战，终于在1960年年底生产出中国第一批500万人份"脊灰"活疫苗。减毒活疫苗生产出来并不能立即使用，必须经过严格甚至苛刻的层层检定。所有检定全部合格后才可以给全国的儿童们服用。参考苏联的活疫苗检定流程，顾方舟带领大家制定了近20个检定项目及相应的标准，既要严格把控疫苗中"脊灰"病毒的含量，又要绝对保证活疫苗没有其他的病毒杂菌掺入，他们得到了实验动物部门的通力支持。

将活疫苗注入两岁以内的恒河猴脑内、脊髓内是一项关键的毒力实验，既可检定活疫苗的单位病毒含量是否合格，又能发现不良反应。所有关口检验合格签字通过后，还必须经过三期临床检验。临床检验是用人来检定，准确地说必须是学龄前的儿童。

儿子参与第一批临床试验

临床检验需要进行Ⅰ、Ⅱ、Ⅲ期的临床试验。Ⅰ期临床试验主要观察疫苗对人体是否安全，有无副作用。顾方舟和同事们毫不犹豫决定自己先试用疫苗，顾方舟带头喝下了一小瓶疫苗溶液。一周过去了，大家都没有出现任何异常。Ⅰ期临床试验需要十来个学龄前的儿童，顾方舟说："我是组长，我带头。我们家小东不到一岁，符合条件算一个，你们还有谁愿意参加？"后来实验室同事们的五六个孩子都参加了试验。参加临床试验是有风险的，所以顾方舟抱着唯一的孩子参加试验时，没有告知夫人李以莞。后来当她知道后，也没埋怨顾方舟，因为她本身也是从事"脊灰"病毒研究的。多年后，顾方舟回忆时说："说不担心是不可能的，实际还是很担心。儿子服用后，我时时观察他的状态，但是我想我自己的孩子不吃，让别人家的孩子去吃，这多不仗义！"

▲ 顾方舟与爱子顾烈东（1961年）

▲ 李以莞与长子顾烈东在人民大会堂前
（1961年）

减毒活疫苗既不需要消毒打针，也不需要连续多次，服用方法简单方便。服后观察一个月，重点在第一周和第二周。当时正值六七月份，而"脊灰"的流行高峰季节就是在6—9月。顾方舟担心在流行的季节里做这个安全实验，万一与流行病例撞上怎么办？因此实验前他特别强调，事先都得给孩子做检查，看孩子适不适合做试验。做到对试验负责，对孩子负责。参与Ⅰ期临床试验的孩子，要没有感染过"脊灰"病毒，血液里没有"脊灰"病毒抗体，只有综合抗体阴性的孩子才能够入选。另外要对孩子进行体格检查，孩子要健康、没有基础疾病。一个月过去了，孩子们没有任何不良症状，平平安安地度过了Ⅰ期临床试验期。

Ⅱ期临床试验是与北京市防疫站合作完成的。有2000名7岁以下儿童试服活疫苗，重点看他们的抗体增长情况，以及其他指标的变化。没有任何不良症状，参与试验的孩子们平平安安地度过Ⅱ期临床试验期。

Ⅲ期临床试验需要在更大人群范围内进行，以获得可靠的评价数据和流行病统计学效果。从1961年开始，有15个城市的450万名7岁以下儿童参与试验。由于范围太大，为保证计划顺利实施，中国医学科学院病毒系还专门为各地的卫生防疫站举办了培训班。根据流行病学统计常规，设对照组，即一组是服疫苗的，一组是不服疫苗的。

顾方舟回忆说："谁主持这个试验谁明白，真是提心吊胆，因为是拿孩子做试验。担的责任太大了，这多亏是有卫生部、中国医学科学院领导的大力支持，以及实验室同志们的精诚团结。"

疫苗临床试验没有辜负顾方舟和同事们的努力，统计数字表明：与1959年相比，各地发病率降低了50%—90%，对照组比服疫苗组的发病率高7—20倍，保护率达到93%。

▲ 脊髓灰质炎预防问题讨论（右2钱信忠、左2顾方舟，1962年）

▲ 顾方舟与诸福棠参加全苏儿科医师
大会（1962年）

▲ 顾方舟（右1）与吴英恺（中）等参加莫斯科国际第八届肿
瘤学术会议（1962年）

一语重千钧

1960年年底，卫生部决定将全国"脊灰"活疫苗的生产基地由北京转移到昆明，仍由顾方舟领导协作组在昆明开展大规模的"脊灰"活疫苗研发生产。一则解决北京没有恒河猴资源的无米之炊，二则将已经基本完成土建的原死疫苗生产基地利用起来。适逢"三年困难时期"中的最困难阶段，花红洞疫苗基地处于举步维艰的境地，这里连基本的研发生产条件都不具备，比如自来水、24小时供电等。卫生部派生物制品界老领导、老专家来昆明花红洞视察。他们看到当地的情况，都表示困难很大，主张慎重。中国医学科学院党委专门讨论了这个问题。

消息传到了北京，沈其震院长打来长途电话找顾方舟，直截了当地问："顾方舟，你要说老实话，到底能不能干？干得了干不了？"

顾方舟回答："沈院长，困难是有的，但这些困难是可以克服的。我们这些人在这儿，一定干出成绩来向您汇报。"

事后得知，沈院长打电话时，中国医学科学院党委书记白希清也在电话机旁边。各级领导正焦灼于昆明疫苗基地去留的抉择。举棋不定之际，是顾方舟的回答一语定乾坤。时间证明决策是正确的，因为选对了人。顾方舟在关键时刻有着力挽狂澜的勇气和意志。他带领医学生物所的同志们披荆斩棘，硬是将"不可思议"变成了现实。

钱信忠部长、沈其震院长始终关心和领导着这个项目，无论是顺境还是逆境都给予了强有力的支持，获得了国家加大力度的投入。同时，云南省人民政府卫生厅等部门也提供了及时有效的保障。

已经苦战两年的建设者们，在半饥饿的状态下一往无前，用"瓜菜代粮"填充肚皮，挺直腰杆努力工作。为了节省经费，职工们自己架电线、修马路，没有帐篷就夜宿山洞。职工们还与工程队一起开水渠、挖山填沟、建设猴园。没有卡车拉粮食，职工们翻山越岭到市区粮店背粮食。

当时地处祖国边陲的昆明，与内地不通火车。基建用的钢材及大型实验台等物资都是经海运到越南，再经滇越铁路运到昆明。历经千辛万苦，

▲ 因抗美援越的战备需要，将花红洞改建成防空洞（1965年）

1960年12月，医学生物学研究所19栋建筑陆续建成，疫苗生产、检定用的各种仪器设备大部分是国产的，一条2千米长，直达所区的专用公路也修通了。

生产疫苗需要无菌消毒，现有的高压锅容量太小，无法满足生产要求。当时只有上海能生产大容量高压锅，而工厂要求"以钢换锅"，后勤保障科科长杨志和同志在北京向中国医学科学院申请到了钢材，买到钢材后，又经过多地辗转，千辛万苦历时一个多月才将钢材运到上海仪器厂，又几经周折后才成功换回高压消毒锅。

为了检验生产能力，"脊灰"生产楼竣工后便立即开工。1960年11月，开始进行1500万人份的批量生产实验。到1961年8月，减毒活疫苗试生产成功，完成Ⅰ、Ⅱ、Ⅲ型活疫苗各1500万人份。这次批量生产是中国医学科学院医学生物学研究所、病毒学系与卫生部生物制品检定所、北京和成都的生物制品研究所等5个单位，第二次大协作的成果。1961年9月22日，中国医学科学院医学生物学研究所（简称生物所）在昆明花红洞正式挂牌成立。

1961年10月10日，周恩来总理在出国访问途中视察了生物所。顾方舟向周总

▲ 顾方舟在观察标本

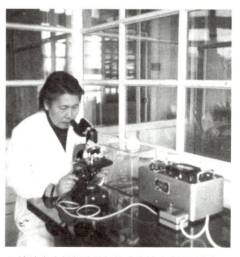
▲ 检验室主任赵玫做细胞病变检查（1965年）

理详细介绍了"脊灰"活疫苗的生产研发情况，当他说道："总理，我们的疫苗生产出来，给全国7岁以下的孩子都用上，脊髓灰质炎就可以消灭了！"周总理非常高兴地打趣道："这么一来，你们不就失业了吗？"顾方舟说："不会的，这个病消灭了，

▲ 科研人员在做猴体实验

▲ 生物所病理组职工合影（1966年）

我们还要研究别的病呀！"

　　顾方舟陪同周总理视察了实验室和疫苗生产车间，还到了猴园。周总理看到短短两年间不仅疫苗基地全部建成，而且疫苗生产也提前实现预期目标，非常高兴。周总理在视察结束时，高度赞扬了全所职工自力更生艰苦创业的精神，勉励大家努力工作，全面完成既定的各项任务目标。

▲ 生物所疫苗室供应组职工合影（1966年）

　　周总理视察后，朱德委员长、李先念副总理、陈毅副总理等国家领导人先后视察了这个位于云南深山沟里的研究所。

身先士卒

　　如果说在北京生产疫苗需要付出十分的努力，那么在昆明的崇山峻岭中无疑需要付出百倍的艰辛，尤其当时是在三年自然灾害、物资极度匮乏的困难时期。

　　当时国家给行政技术人员的定量是每人每月25斤粮食，为做长期备荒的准备云南省号召每人再节约1斤，也就是每人每月24斤，每人一天的粮食仅为8两。在缺油少肉没有副食的情况下，大家天天处于极度饥饿的状态，再加上科研任务繁

▲ 中国医学科学院黄乎副院长视察医学生物学研究所

重，经常加班加点，党员干部只好带头搞生产自救。

在如此艰难困苦的时期，研究所能够玉汝于成，领导干部身先士卒以身作则的模范作用，成了稳定军心的压舱石。

原检定室主任龚春梅回忆说："在建所初期，交通非常不便，一方面没有交通工具，另一方面路况很差。从我们所到笻竹寺只有一条土路，只有小车才能开上来。那个时候，职工差不多一个月才能回昆明市里跟家人团聚一次。修好这条路势在必行，没有机械设备，只能靠我们的双手。顾院长在工作繁忙的情况下仍带头劳动，我们经常看到他拉着小车来回运土，在他的带领下，全所职工共同努力，

▲ 顾方舟（前排右1）与职工们一道拉碾子修路（1959年）

▲ 建所初期，大家徒步下山购买物资

几个月时间这条路就修好了。

　　"有一次在清理冷库时，有职工使用酒精不慎引发了火灾，顾院长率先冲到火海里搬运物资，因他待的时间太长导致一氧化碳中毒昏迷，被送去医院抢救。看到领导这样，很多人当时都哭了。"

　　"顾院长跟我们都在一个食堂吃饭，当时粮食供应不足，大多数人都吃不饱，但是他总能谈笑风生，从来没听到他有什么怨言，我们在大山里同甘共苦、共渡难关。"

　　顾方舟带领研究所领导班子克服困难，带领研究所向正规化进军，以便保质保量地完成国家下达的任务。先后建立了"脊灰"疫苗生产室、检定室、猿猴管理室、病理生理研究室、肠道病毒研究室、图书情报室、所办、学术秘书室、器材科、人事科、会计室等部门，到1964年年底，全所职工人数达到199人。

　　1964年5月，卫生部在北京召开"脊灰"疫苗效果总结会，制定下发了

▲ 职工们自己动手修建水塔

▲ 职工们自己动手修整田地，种植蔬菜

▲ 职工们自己动手修整道路

▲ 职工们自己动手修整备战山洞

▲ 职工们自己动手修整庭院

▼ 生物所基建开始时的开拓者（1958年）

▲ 中国医学科学院卫校在生物所实习（1964年）

▲ 生物所疫苗室组培组成员合影（1965年）

▲ 生物所检定组成员（左4为检定室主任赵玫，1966年）

由顾方舟主持编写的《脊髓灰质炎活疫苗服用方案》。鉴于疫苗储存运输困难，提出服用地区暂定为交通便利的城市、城镇、农村和流行地区；服苗对象暂定2月龄至7岁儿童，每年服苗时间为南方12月—次年1月，北方12月—次年2月。

　　1964年，卫生部将全国卫生防疫重点定为"脊灰"疫苗等六种疫苗的接种。同年11月12日，卫生部批准了由顾方舟主持编写的《脊髓灰质炎疫苗制造及检定暂行规程》，"脊灰"疫苗正式投产。

举家迁昆明

　　生物所是新成立的研究所，职工多是来自五湖四海的年轻人。骨干人员大多三十多岁，他们都是既有高堂父母，也有学龄前后的孩子，工作之余思念父母又牵挂孩子。刚刚毕业来的学生们，大多第一次远离家人，工作紧张时还好说，一旦闲下来或者遇到一些困难时，难免情绪异常低落。顾方舟除了及时帮助他们解决实际困难，还把大学时办"长庚社"的热情带到这里，组建了篮球队、文艺队。顾方舟周末带头参加文艺晚会，既是组织者又是演员。他歌唱得特别好，浑厚激昂的歌声常常是晚会的压轴戏，他唱的《满江红》老同志们记忆犹新。顾方舟还组织了个四声部的合唱队。

疫苗生产上轨道之后，顾方舟着眼长远，在人手紧张的情况下，抓紧人才队伍的培养。采取走出去请进来的方式，送一些同志到中国医学科学院病毒研究所（此时顾方舟还是病毒研究所的室主任）、中国医学科学院实研所（现在的基础医学研究所）和北京生物制品研究所等单位进修学习。同时利用各种渠道，不断请北京的专家来所里作报告。

与此同时，顾方舟带头并要求各个科室负责人，每周都要作学术报告，同时鼓励大学生们也参加。这些年轻的大学生们刚刚走出校门，没有科研历练，更没有做过学术报告，顾方舟鼓励他们把一些文献从俄文、英文翻译成中文，通过总结提炼，做成文献综述或情报信息，大胆走上讲台。开始的时候，一些大学生还磕磕巴巴，几次之后就发挥自如了，以后是争着上讲台。后来所里受卫生部委托，举办了多次全国性的学习班，大学生们竟成了讲课与辅导的主力。顾方舟也十分重视从中专技校毕业来所工作的年轻人的培养，专门为他们办夜校，一门门地补课直到合格。为了他们能够及时阅读最新文献，办起医学专业英文学习班，每个星期有两个晚上，由所里英文好的同志自编教材授课。这些来自中专技校的年轻人，不仅学到了医学专业知识，甚至达到看英文专业文献的水平，有些人后来考上了研究生，还有的出国深造。

所里举办学术文献报告会，图书馆则以研究所的名义办了一份内部学术期刊——《医学生物资料选编》。大家将自己看到的相关专业的文献资料，做成综述或译文，由图书馆负责人钮志培整理编辑，钮先生自己刻蜡版，亲自油印、装订。这份内部期刊成为许多同志的"育苗基地"，通过撰写投稿、修改完善的过程，论文写作水平得到提升，很多人自己的论文得以在国内外知名期刊上发表。

1964年2月29日，中国医学科学院任命顾方舟为医学生物学研究所副所长，总体负责"脊灰"疫苗生产。顾方舟其实早已经是负责疫苗生产的主持人，但是上级的正式任命下来之后，他感觉不一样了：过去没有名分，属于兼职，现在成了所里业务负责人，应该把家搬过来才能稳定军心。妻子李以莞痛快地答应了顾方舟搬家到昆明，这给了顾方舟坚定的信心。不久，全家从北京搬到了昆明的山沟里。

在一次访谈中，顾方舟讲道："我们全家一起搬过来是1964年，我老伴之前是在病毒研究所工作。当时也有人劝我一个人去就可以了。后来我想我一个人去，

▲ 医学生物学研究所部分职工的合影（1965年）

人家说我没有长期在那的打算，是不是干一段时间就回北京了？这不光是业务的问题，还涉及以后再调人，人家要看顾方舟是怎样的态度。那时候我下定决心了，就在昆明那扎下去，为这个事业干一辈子。我老伴特支持我！那时候我妈也没有去过那么远的地

▲ 顾方舟全家与来访的姨妈（前排右1）合影（1967年）

方，她也支持我，说去吧，孩子我带着。当时昆明还没有通火车，我们全家四口坐火车先到贵阳，再从贵阳坐汽车到昆明。"

顾方舟一家搬到所里即融入其中，全家都积极为所里做贡献。一次所里派一位青年骨干带一个小组，到吉林通化做流行病学调查，这位女同志的爱人正巧也在外地出差，小孩才两岁多。顾方舟听说后急忙赶来："别着急，孩子放我家，让我们老太太带。"这位女同志出差回来时，孩子与顾方舟一家已经培养出感情来了。20多年后，这个孩子在多伦多读博士，顾方舟到多伦多访问，还专程去看望了这个孩子。

蹉跎岁月

1966年年初，生物所已独立建成完备的给排水系统和供电系统，疫苗生产量基本上达到全国供需平衡，职工们也安居乐业。人们春季路边采花，夏季林中捡蘑菇，风景如画的所区犹如世外桃源，被昆明市人民政府授予了"花园式单位"，人们都相信未来会更加美好。然而1966年春夏之际，"文革"如暴风骤雨般袭来，

▲ 顾方舟全家在实验楼花坛前合影（1968年）

▲ 顾方舟与生物所"五七战士"合影（1970年年底，二排左1顾方舟、左2杨志和、左4杜星辰）

打乱了生物所正常的工作和生活秩序。疫苗生产，尤其是科研工作受到严重破坏，领导干部作为"走资派"被停职、批斗。

顾方舟身为副所长、副书记，又曾在苏联留学，被"造反派"当作"批修"的活靶子。最令顾方舟痛心的是老母亲目睹他被抄家遭批斗，一病不起抑郁而终。访谈中，顾方舟提及这段经历，几度哽咽，潸然泪下。

为了"检验"顾方舟等知识分子思想改造是否"合格"，让他们干最苦、最累、最脏的活儿，但顾方舟总能坦然以对。

1967年年底，昆明交通中断、停电断粮，职工的生活甚至人身安全都受到威胁。为保证疫苗安全，不得不将在冷库中存放的疫苗毒种、部分疫苗半成品，转移到市区冷库储存。当周总理得知这一消息后，及时派云南省警卫团的战士，驻守疫苗生产楼以免受到冲击，保证了"文革"期间疫苗的生产安全。生物所尽管也经历了"造反""夺权"等一系列"革命"活动，但绝大多数职工晚上"抓革命"，白天"促生产"。全所绝大多数职工坚守岗位，保证了疫苗生产顺利进行，疫苗生产和供应一直没有中断。疫苗生产楼内仍能保持良好的生产秩序，猴肾细胞单位产量不断刷新，猿猴室的动物仍然能得到较好的饲养与管理。

1971年5月，顾方舟因在建所以来各方面的杰出表现，光荣地出席了中共云南省第二次代表大会，标志着他已经得到"解放"。

安全标准——60亿人份无事故的保障

减毒活疫苗的大规模正式生产需要完备的技术标准，可当时既无国家标准可循，又无国外标准可参考。顾方舟明白，既要保证生产不出现次品，又要保证生产量达到一定的规模，只有制定严格的国家标准、不折不扣地贯彻执行，才是万无一失的保障。

减毒活疫苗的安全性检定，要用恒河猴脑内及脊髓内注射后的临床及病理学变化来判定。当时，国际上既无活疫苗的标准品，也无统一的判断标准。顾方舟

▲ 董德祥在做"脊灰"病毒试验观察

▲ 董德祥在"脊灰"减毒活疫苗生产车间

◀ 郭仁在做毒种选
育与纯化

◀ 董德祥与疫苗室
主任姜述德检查
细胞生长情况

他们检定实验的脑内注射共用猴子155只、脊髓内注射共用猴子27只。脊髓内注
射结果与操作人的技术熟练程度、针头大小、注射速度等有很大的关系，即使重
复试验也难以取得满意的结果。顾方舟等人研究决定放弃脊髓内注射，集中力量

研究脑内注射实验的安全性判定标准。

　　脑内注射技术的要求比较高，规定一定要注射在视丘部位。开始时是由顾方舟或李以莞及检定室主任赵玫亲手做，后来他们手把手地教技术员注射操作，经过培训和反复练习，技术员们达到了准确注射的要求。

　　顾方舟等人对脑内实验，做了大量深入细致的研究。1964年终于制定出活疫苗脑内实验判定标准。实验分初试和重试两种，初试时，如有1只猴子出现特异性麻痹和另1只猴子有"脊灰"病变表现，即判为不合格；如果初试未出现肢体麻痹症状亦无"脊灰"病理变化，或只有1只猴子有轻度病变表现，可判为合格。有四种情况，可允许重试，重试后仍出现四种情况之一者，判为不合格。重试后未发现肢体麻痹或病理变化者，判为合格。顾方舟等人在活疫苗生产、检定，以及人群中试用的基础上，制定出了《中国"脊灰"活疫苗制造及检定规程》，1964年上报卫生部并获批准执行。

　　从此"脊灰"活疫苗正式在医学生物

▲ 李以莞在显微镜下计数猴肾细胞产量

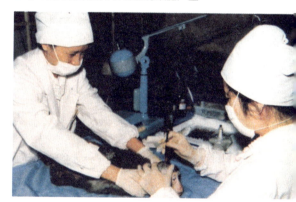
▲ 科研人员进行脊灰活疫苗残余致麻痹力测定——猴脑内注射疫苗

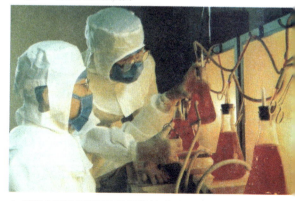
▲ 科研人员进行猴肾细胞消化检测

▲ 职工们在"脊灰"减毒活疫苗生产车间

学研究所投入生产。这是顾方舟等人根据中国国情，依靠自己的研究成果制定的"脊灰"活疫苗制造和检定规程。它指导了以后近60年、60亿人份疫苗的生产与检定，并确保"亿无一失"。

一粒糖丸定乾坤

1960年6月，顾方舟赴莫斯科参加苏联小儿麻痹研究所第四次学术会议及国际小儿麻痹活疫苗会议。此次距上一次学习结束回国仅仅9个月，中国的进步无疑是巨大的——从零起步到活疫苗生产量世界第二。但苏联已经将液体疫苗变成了固体的，固态疫苗糖丸已经规模上市，彻底解决了使用上的弊端。这也是顾方舟梦寐以求想解决的难题。

　　液体减毒活疫苗在使用前需要稀释、保存、低温运输等必要条件，大规模使用非常不方便。保存不当会导致失效，而且时有浪费。回国后，顾方舟立即向沈其震院长汇报固体糖丸的事情，沈院长马上通过上海市委找到了可担此重任的上海信谊化学制药厂（以下简称信谊药厂）。

▲ 职工们在"脊灰"减毒活疫苗生产车间

▲ 生物所自行加工生产"脊灰"减毒活
　 疫苗糖丸（1968年）

▲ 生物所后勤职工积极为生产"脊灰"
　 减毒活疫苗提供生产保障

▲ 生物所司机班为生产"脊灰"减毒活疫苗
　 提供运输保障

在沈院长的亲自安排下，顾方舟、董德祥、闻仲权等同志，先后与信谊药厂技术人员一起，群策群力、反复试验，解决了配方、冷加工工艺、糖丸中病毒疫苗均匀度以及检测方法等技术难题。经测试，糖丸疫苗在各种温度下保存的时间明显超过液体疫苗，

▲ 供应全国的脊髓灰质炎活疫苗成品

免疫效果与液体剂型完全一致，无任何不良反应。糖丸剂型"脊灰"疫苗试制成功，为"脊灰"疫苗大规模推广创造了条件。

1962年年底，在北京、上海、云南三地的315万名儿童中试用，1963年向全国各大城市推广。两年的实践证明，糖丸剂型"脊灰"疫苗有显著的流行病学效果。例如上海市，1962年市区以及1963年全市90%以上的5岁以下儿童服了3个型糖丸疫苗，这两年的流行被完全控制。市区"脊灰"发病率降为每10万人1.5人，比

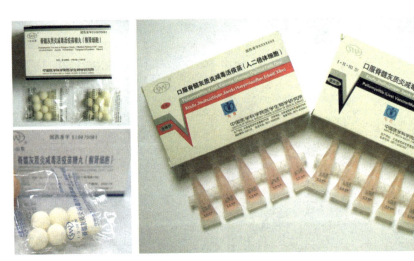

▲ 供应全国的脊髓灰质炎减毒活疫苗糖丸和口服脊髓灰质炎活疫苗液体剂型

▲ 1965年第一届所领导靳冰阁、顾方舟（前排右5）、路新书等与职工合影

1959年的每10万人41.7人下降了96.4%。

1964年5月，全国脊髓灰质炎活疫苗效果总结会议召开。会上交流了使用经验并对活疫苗作出了科学的评价。会议还总结了几年来"脊灰"活疫苗生产和检定工作，讨论了今后疫苗免疫计划和科研计划。

1964年以前，由于受疫苗数量与运输条件的限制，"脊灰"疫苗只能在大城市使用。1963年12月，生物所主动提出扩大生产的要求。经中国医学科学院同意报卫生部批准，1964年1月，下达了年产6000万人份糖丸疫苗的任务。

▼ 生物所建立在一片荒山上

受当时生物所的技术设备、原材料供应和昆明交通条件的限制，在昆明生产的液体疫苗检定合格后，要冷冻空运至上海，加工成糖丸后，再发往全国各地。生物所除支付

▲ 生物所建立第一幢实验办公大楼

昆明至上海的航空运费外，还要向信谊药厂支付加工费用（占疫苗价格的40%）。1968年，生物所购置设备，在信谊药厂的帮助下，自行加工部分糖丸疫苗供应西南各省，并开始多价糖丸剂型疫苗的研制。

1975年，将原来的Ⅱ型、Ⅲ型糖丸疫苗，制成Ⅱ+Ⅲ型双价混合型后，又开始研制三价混合型糖丸疫苗。实验证明，当Ⅰ、Ⅱ、Ⅲ三种型活疫苗同时服用，疫苗病毒在人体肠道繁殖时，Ⅱ型病毒会对Ⅰ、Ⅲ型病毒产生干扰，影响免疫效果。为此，董德祥等同志对疫苗中所含各型病毒剂量配比与免疫效果之间的关系，进行了多年的研究，终于在1985年探索出了最佳配比方案，研制出Ⅰ+Ⅱ+Ⅲ型三价糖丸疫苗，服用后免疫效果很好。

三价糖丸疫苗的研制成功，不仅解决了疫苗病毒液半成品的供应问题，同时提高了工效，降低了成本，更方便了使用。1986年在全国推广应用后，为中国彻底消灭脊髓灰质炎提供了最有力的武器。

1971年9月，顾方舟夫妇奉调回京，可惜老母亲已经仙逝。回到北京，他草草安顿好家，便投入紧张的工作。新的工作是总结中国医学科学院建院以来的成绩和收集整理全国医药卫生成就并汇编成书。成果汇编完成之后，大部分人员没有回到原单位，而是留在了院部机关，成为新成立的业务组人员，承担起在"文革"中已经撤销了的原科研处工作，顾方舟改行做全院的科研管理，有全国"脊灰"疫苗研发带头人和基层科研一把手的多年历练，他很快成了业务组的实际负责人。

1971年8月，由中国医科大学留下的老师们组成基础医学组，一年后与首都医院（即北京协和医院）合并，后来又改为临床医学研究所。

▲ 20世纪70年代初，顾方舟（二排左3）与中国医学科学院科研处的同事合影

1973年4月，卫生部批复同意任命顾方舟为首都医院（现北京协和医院）革委会副主任（相当于副院长），工作重点是临床医学和基础医学研究的管理，直到1975年8月调任中国医学科学院科研处处长。

创建病毒室

1975年，"杂交瘤"技术诞生，引领生命科学经历前所未有的革命，这引起了顾方舟的特别关注。所谓"杂交瘤"技术是指两个或两个以上细胞合并形成一个细胞的现象，可使两个不同来源的细胞核在同一细胞中表达功能。1975年，Kohler和 Milstein 将小鼠骨髓瘤细胞与免疫小鼠的脾细胞融合，获得了杂交的子代细胞，这种杂交细胞具有两个亲代细胞的特性。将这种杂交细胞克隆成为单个细胞，再繁衍成由这个共同祖先细胞产生的一群细胞，便获得了均一的、针对单一抗原的抗体，即单克隆抗体。单克隆抗体最突出的优点是高度特异性。单克隆抗体技术被称为免疫学上的一场革命，自诞生以来的短短十多年中，在免疫学、医学、生物学等领域显示出它的重大作用，为许多学科的研究提供了有力的工具，为临床疾病的诊断、治疗提供了新的途径。由此，Kohler 和 Milstein 共同获得了1984年诺贝尔生理学或医学奖。

1976年6月，顾方舟随团赴美，考察美国肿瘤免疫疗法的现状，杂交瘤技术在医学科学领域的广泛应用，

▲ 1976 年访问美国时，顾方舟在我国驻美联络处前留影

更引起了他的特别关注。

1978年10月，顾方舟担任中国医学科学院副院长，主抓全院的科研工作。然而在"科学的春天里""科技人员归队""要把'文革'失去的十年夺回来"的大潮之下，曾经是多年科研一线领跑者的顾方舟踌躇满志，尤其是杂交瘤技术开辟的璀璨前景怎不令他怦然心动。于是，顾方舟将想法与时任基础医学研究所免疫室主任的谢少文教授讨论，立即得到谢少文教授的大力支持和赞许。

顾方舟在免疫室内成立了病毒组。当时实验室比较紧张，免疫室将四间房一并划给了病毒组。随之中国医学科学院器材处、基础医学研究所器材科一路给病毒组开绿灯，解决了好多急需的仪器设备，如显微镜、荧光显微镜、超声波仪、冰箱等。一些常用的小物件和玻璃器皿，像小剪子、小镊子、培养皿、三角瓶、吸管等，是从杂物间里一件件翻捡出来的，经过冲洗消毒后使用。桌椅板凳也是从库房里搬回的旧家具。大家本着勤俭办事业的精神，像蚂蚁搬家一样，把一个有模有样的病毒实验室迅速建成了。不久后，陆续调来几位研究人员，研究生也招进来了。

有了实验室和基本团队，"掌门人"的眼光和格局至关重要。1981年，在实验室建立不到两年的时间里，用新兴的生物技术在酶联免疫吸附法、单克隆抗体研究上，有两篇重要论文相继发表，标志着顾方舟带领他的团队再次站在了医学科学研究的前沿。第一篇论文是1981年1月，由顾方舟领衔在《北京医学》上发表的"酶联免疫吸附法（ELISA）测定乙型脑炎病人血清中特异性IgM"。这是顾方舟和他的团队在"文革"后发表的第一篇重要论文，也是借助新兴的生物学技术建立的全新方法。基于此研究方法之后发表了一系列相关论文。1983年6月，顾方舟团队在《中国医学科学院学报》上，发表了"酶联免疫吸附法（ELISA）在Ⅲ型脊髓灰质炎病毒McAb的筛选以及抗原分析中的应用"，为"脊灰"的研究建立起新的

▲ 顾方舟与病毒室同事和学生合影（由左至右：前排苏小玲、吕华、李初梅、顾方舟、孙月英、刘阳，后排沐桂藩、吴衍、徐如良）

方法。1985年10月，顾方舟团队又在《中国医学科学院学报》上发表了"应用酶联免疫吸附法（ELISA）筛选脊髓灰质炎病毒单克隆抗体及其抗原分析"。

　　1981年4月，顾方舟领衔在《中国医学科学院学报》上发表了第二篇重要论文"分泌脊髓灰质炎Ⅰ型单克隆抗体的杂交瘤细胞株E55的建立（简报）"。这篇论文的发表，标志着他们已经将单克隆抗体技术成功地应用于"脊灰"的研究，同时也标志着"脊灰"的研究从细胞水平进入分子水平。

　　1985年，由顾方舟领衔发表的论文"用单克隆抗体对100株脊髓灰质炎Ⅰ型病毒的抗原分析"，对自减毒活疫苗广泛使用以来野毒株或疫苗株的鉴别问题进行了有意义的探索。在病毒室成立后的六七年，顾方舟带领大家应用新兴的生物技术，重点对"脊灰"病毒抗原抗体进行了深入的研究，发表重要论文十余篇，为建立"脊灰"病毒准确快速简便的检测方法奠定了坚实的基础。

研发试剂盒

1978年，世界卫生组织向各国提出要在2000年全球消灭"脊灰"。据此，我国卫生部决定提前5年实现这一宏伟目标，即1995年之前在中国彻底消灭"脊灰"。

预防"脊灰"并非一粒糖丸即可高枕无忧。由于各地条件和技术支持的差异，控制效果参差不齐，有些地方甚至出现反弹。问题的彻底解决，取决于能否准确掌握计划免疫后的抗体水平。比如，儿童吃下糖丸以后的抗体状况如何，达到预期水平即可有效预防"脊灰"，反之抗体水平非常低不足以有效抵御"脊灰"的传染，很可能会发生新的流行。20世纪80年代中期，我国"脊灰"的检测方法还在沿袭几十年前的细胞培养法，技术操作复杂，周期长达7—10天，而且基层防疫站无法测定。因此，必须研发一种简便快速准确的检测方法，以便在全国城乡推

▲ 国家"七五"攻关课题"脊髓灰质炎单克隆抗体诊断试剂盒"成果鉴定会（1991年）

广应用，这项重要课题被卫生部列入国家"七五"规划。顾方舟率领不足十人的团队再次向消灭"脊灰"发起冲锋。

"脊灰"病毒有三个型，要做出三个型病毒的单克隆抗体，才能做试剂盒。顾方舟把这项工作分别交给三个人来完成，Ⅰ型由沐桂藩老师做；Ⅱ型交给一个研究生当作毕业课题做，室里派一人配合；Ⅲ型由孙月英老师做。尽管中间有些磕磕碰碰，最终还是按计划把三个型病毒的单克隆抗体做了出来。随后顾方舟组织大家讨论怎么做诊断试剂盒，怎么与生产单位北京生物制品研究所开展合作。

双方的合作，先要完成单克隆抗体的偶联血球，俗称挂血球。挂血球合作方经验丰富，以北京生物制品研究所为主。过了耦联血球关，产品拿到实验室做测试，效果特别好：一小时出结果，不仅快而准，而且分型也特别清晰。"脊灰"病毒之间有交叉，用这个试剂测定的结果分型明确，研究一举成功。

▲ 全国脊髓灰质炎疫情分析会与消灭脊髓灰质炎策略研讨会在厦门召开（1990年，右2
顾方舟，右1董德祥）

生产关通过后，顾方舟又提出举办试剂盒使用的培训班，他亲自讲课，要求各省市防疫站站长参加，还要带做小儿麻痹防疫工作的主任前来参加培训。一共办了9次学习班，涉及29个省市、自治区的防疫站，有300多人参加。顾方舟和学员同时实验，实验结果一致算通过；否则重新分配试剂盒，重新做实验，直到所有参加人员完全掌握试剂盒的测定方法。学习班结束后，由学员们把试剂盒分发到基层做检测。1991年年初，饱含顾方舟团队心血的报告"脊髓灰质炎单克隆抗体诊断试剂盒的制备和应用"，正式提交国家行政管理和审评机构。

报告书的最后两页，分别是中国医学科学院医学情报研究所的"查新报告"和"检索咨询报告书"，两份权威报告中均有如下结论："目前未见有关此课题的文献资料报道，特此证明！""未见有关反向被动血凝试验和反向被动血凝抑制试验，用于脊髓灰质炎病毒抗原和抗体检测方面的题录"，即顾方舟领衔完成的这个试剂盒，具有完全独立自主知识产权。

在我国科学家战胜"脊灰"的伟大征程上，"脊灰"单克隆抗体诊断试剂盒与

▲ 顾方舟提交的 "脊髓灰质炎单克隆抗体诊断试剂盒的制备和应用"

▲ 由中国医学科学院医学情报所为"脊髓灰质炎单克隆抗体诊断试剂盒的制备和应用"所做的"查新报告"

▲ 由中国医学科学院医学情报所为"脊髓灰质炎单克隆抗体诊断试剂盒的制备和应用"所做的"检索咨询报告书"

▲ 国家消灭脊髓灰质炎证实委员会会议（1998年）

减毒活疫苗是两个重要的里程碑。

光阴荏苒，转瞬进入21世纪。2000年7月11日，在卫生部举行了隆重的"中国消灭脊髓灰质炎证实报告签字仪式"。卫生部部长张文康、副部长王陇德、朱庆生，卫生部有关司（局）领导，参加中国消灭脊髓灰质炎证实报告签字仪式的国家证实委员会委员、证实准备委员会委员，有关专家以及国际组织，有关国家驻华使馆的代表出席了签字仪式。时年74岁的顾方舟作为代表，签下了自己的名字。

当年10月，经官方证实，中国本土"脊灰"野病毒的传播已被阻断，中国成

▲ 卫生部成立国家消灭脊髓灰质炎证实委员会（左起：江载芳、顾方舟、侯云德、赵凯、胡善联，1998年）

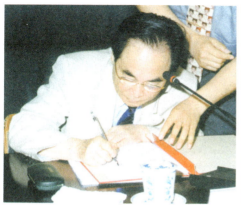

侯云德

赵凯

顾方舟

胡善联

江载芳

▲ 2000年7月11日，国家消灭脊髓灰质炎证
　实委员会在中华人民共和国消灭脊髓灰质
　炎证实报告上签字

▲ 中华人民共和国消灭脊髓灰质炎证实报
告封面

▲ 中华人民共和国消灭脊髓灰质炎证实报告
签名页

▲ 中国消灭脊髓灰质炎证实报告签字仪式（前排左起：王克安、江载芳、朱庆生、顾方舟、张
文康、侯云德、王陇德、胡善联，2000年7月11日）

为无"脊灰"的国家。

再攀新高峰

顾方舟的科研视角十分开阔，除脑炎、"脊灰"的研究成就斐然，在"文革"结束之后，他在肠道病毒、风疹、手足口病、出血热等研究上也有不俗的成绩，尤其对肿瘤的研究。从肿瘤杂交瘤的基础研究，到乳腺癌单克隆抗体的临床应用，以及肿瘤单克隆抗体与肿瘤药物的结合，顾方舟都有深入的研究。年逾八旬的孙月英老师，曾经是顾方舟在流行病学研究所乙脑室、病毒研究所脊髓灰质炎室和基础医学研究所病毒室时期的科研骨干。她说："顾院长老早就想做肿瘤。那时他在病毒研究所，小儿麻痹疫苗研制刚一完成交到北京生物制品研究所去生产的时候，他就开始着手肿瘤研究方面的事情。当时他的研究方向是白血病，邀请了基础医学研究所的刘世廉、生物制品研究所的张永福、鉴定研究所的郑珏珏、病毒研究所里的曾毅等，形成多学科专业性很强的研究组。当时的试验方法是用鸡胚，把病毒接种到鸡胚里观察鸡胚里的病毒繁殖。后来发现鸡胚本身也有问题，需要选择别的方法。不久，他被派往昆明主持疫苗大规模生产，事情就搁下了。"

"在基础研究所病毒室做诊断试剂盒即将成功时，顾院长就把研究重点转到肿瘤上，他想把单克隆抗体技术用于肿瘤的诊断和治疗。我们做的第一个肿瘤杂交瘤的材料人骨髓瘤细胞，是从日坛医院（中国医学科学院肿瘤医院前身）孙宗棠教授那得来的。"

从1988年顾方舟发表的论文看，此项研究收获颇丰。论文是以简报形式发表的：

目前我国制备人－人单克隆抗体的人骨髓瘤细胞株皆为国外引进，仅能用于科研，因此受到多方面的限制。首先，即使建立了人－人杂交瘤细胞株也不能进行商品化生产；第二，不能技术转让；第三，国外引进的细胞株其应用前景难以预料。故建立我国自己的人骨髓瘤细胞株是制备人－人单克隆抗体必不可少的重要课题。

我们取未经治疗的骨髓瘤患者的骨髓细胞，置于含有20％小牛血清的1640培养基中培养，每周换液一次，4个月后见细胞集落生成，细胞生长迅速，两周后即可传代，其后4—5天传代一次，现已传20余代。

经核型分析，该细胞株的染色体数为44。将细胞置不含血清的1640培养基中培养4天后，取培养液离心除去细胞，上清液用硫酸铵沉淀后测蛋白含量，其结果提示该株不分泌抗体。目前我们正将该株细胞转变为抗8－杂氮鸟嘌呤和乌本苷的细胞株，作为亲本细胞用于人－人杂交瘤的特性研究。

有了人骨瘤细胞株，即可作为亲本细胞用于人－人杂交瘤的特性研究。恰巧在一个大院里的北京协和医院大夫，拿着乳腺癌病人的骨髓细胞前来合作。

"协和医院拿来乳腺癌病人的骨髓，我们先是建起一个细胞株，建成后就放入液氮罐，不定时拿出来复苏，通过繁殖以保持活力，为下面做单克隆抗体研究做准备。"

第一篇论文于1989年11月完成：人鼠种间杂交骨髓瘤SMH-D33细胞与乳腺癌病人转移淋巴结B细胞融合，筛选出阳性杂交瘤细胞株CM-1，具有持续分泌抗乳腺癌人单克隆抗体的能力。组织免疫化学检测结果指出，人单克隆抗体CM-1仅与乳腺癌组织呈强阳性反应，所以在鉴别诊断乳腺肿物上，有重要的临床价值。

第二篇论文于1990年8月完成，在不足一年的时间里在基础与临床应用的研究上又有了较大的进步：用乳腺癌患者术后腋下淋巴结制备的淋巴细胞与人骨髓瘤 SHM-D33 细胞融合，获得 1 株分泌抗乳腺癌人单克隆抗体的杂交瘤细胞克隆株 CM-1。该株细胞已传代 2 年，仍能稳定地分泌特异性抗体。CM-1 与被测乳腺癌呈强阳性反应，肿瘤细胞胞浆呈明显深棕色，并可见棕色颗粒，而与同一切片中的间质细胞及正常细胞均无反应，与乳腺纤维瘤、正常人肾、心、脾、肺、肠、淋巴结、甲状腺及胸腺亦无反应。经反复多次实验表明其稳定性好，对乳腺癌的特异性较高，且分泌的抗体量及抗体滴度很高，是目前国内外较好的人单克隆抗体，可用于乳腺癌的诊断和治疗研究。

顾方舟思路开阔，在与协和医院合作的同时，派孙月英到抗菌素研究所（医药生物技术研究所前身）联系甄永苏教授，希望把平阳霉素作为抗乳腺癌人单克隆抗体的治疗药物开展研究。甄永苏教授非常愿意合作。孙月英记得甄老师当时谈了三点意见："一是能不能和平阳霉素耦联上；二是能不能杀死癌细胞；三是老鼠身上的肿瘤能不能得到治疗。"合作比较顺利，结果非常满意，顾方舟和甄永苏教授特别高兴。

在 2000 年的《微生物学免疫学进展》第 28 卷第 1 期上，顾方舟发表了有关重组人肿瘤坏死因子的重要论文。从某种意义上讲，此乃收官之作。

这一年，顾方舟 74 岁。

<table>
<tr><td rowspan="2">院长校长</td><td rowspan="2">第八章</td><td>**1**</td></tr>
</table>

人才是立院之本

1984年12月27日，国务院任命顾方舟为中国医学科学院院长、中国首都医科大学（现北京协和医学院）校长、代理党委书记。作为新中国成立后的第四任院校长，顾方舟面临内部非正常换届，外部"反精神污染"的复杂局面，他以求真务实的一贯风格，挑起了中国最大的医教研联合体的党政一把手重担。

中华人民共和国国务院

任 命 书

▲ 顾方舟为中国医学科学院院长的任命书

院校科技队伍断层和老龄化严重，在全院摸底调查的基础上，顾方舟直抒己见：虽然我们必须面对人才断层青黄不接的现状，但当下用好已经成长起来的年轻人，真正发挥他们的聪明才智变被动为主动，才能扭转院校人才危机的局面。派出的1243名出国留学、进修人员已有约700人回国；已经毕业的博士、硕士研究生，有90%和70%留在了院校；现有的557名硕士导师，有一半在中年以下；目前在职的正副所、院长中，有一批优秀的科技干部。这些同志其中半数在55岁以下，年富力强、业务素质较好，是未来10年院校事业发展的希望所在。为了他们能脱颖而出，必须打破现有人事管理条条框框，为他们创造更广阔的舞台，这需要领导者有承担政治风险的勇气。

伯乐与千里马

在院校长顾方舟的积极倡导之下，院校实行平等竞争前提下的破格提拔。经院校考核或评审，对优秀中青年科技骨干，给予破格提高工资级别或破格聘任高级专业技术职务，并从中择优推荐部级或国家级的有突出贡献的专家；在申请研究项目、参加国内外学术会议以及学会、学报等方面，有计划地培养年轻人，促使他们尽快成长为学科带头人。

在职务评定上历史欠账太多，存在中年拖老、年轻拖跑的恶性循环，为加速中青年优秀人才的培养、选拔和任用，在顾方舟的领导下，根据队伍的不同层次

▲ 顾方舟院校长在办公室
（1986年）

▲ 顾方舟院校长在办公室
（1987年）

与结构，明确规定严格于正常晋升的评审程序和条件，打破单一的论资排辈评审方法，重点对德才兼优、工作实绩突出的中青年科技骨干，突破正常的晋职年限，不受资历、学历限制，破格评聘高级专业职务。从1985年起的几年间，先后有52名（正职28名、副职24名）有突出成绩的科技骨干破格评聘高级专业职务。

▲ 顾方舟院校长在主持会议
（1991年5月）

1989年，顾方舟在院校深化改革中特别强调：进一步重视和加强对医、教、研和管理岗位的中青年骨干的培养，破格提拔和奖励有突出贡献的中青年干部。当年，共通过45名同志的高级职称任职资格，其中有41名同志属于工作成绩突出破格晋升。在这种求贤若渴、不拘一格的氛围中，大批青年才俊脱颖而出，有的还成为中国工程院院士、中国科学院院士，最具代表性的是分子生物学家刘德培和沈岩。

▲ 顾方舟院校长在主持会议（1991年）

刘德培院士1975年毕业于安徽省蚌埠医学院三年制医疗专业，学历属于大专，还是"工农兵学员"头衔的大专，但他的勤奋和敬业精神超乎寻常，顾方舟认定他是不可多得的人才。刘德培1986

年博士毕业时，申请了去加州大学旧金山分校留学，同时申请了国家"863"项目。未曾料想两项申请均获通过。当时这两个项目的主管部门认为：两项目不能同时进行，刘德培只能二选一。时任院校长的顾方舟力排众议，专门组织专家讨论并最终决定让刘德培带着课题用国际合作的方式到国外去做。时间和实践证明，顾方舟的决策是正确的。刘德培将国际合作项目做得非常成功，而且美方实验室的教授对他非常欣赏，在刘德培回国前给了他资金购买仪器带回中国继续开展研究。凭借着回国后取得的杰出成绩，1996年刘德培当选中国工程院院士，并在5年之后成为院、校长，执掌中国医学科学院和北京协和医学院10年。

▲ 刘德培

　　沈岩院士1980年以技工身份调入中国医学科学院基础医学研究所，工作是洗瓶子、刷试管，同时在业余大学学习。老师交代的每一项工作他都会一丝不苟地完成，刷试管他比别人刷得快、刷得好、刷得多，做实验他会认真查资

▲ 沈岩

料弄明白其中的原理。沈岩以"认真细致、肯动脑子、不怕挫折"的特质和发愤图强的精神打动了吴冠芸教授，得到了吴教授的支持，连续三次在所里报考在职研究生，终获录取。在吴冠芸教授的悉心指导下，不断向科学高峰冲击，摘得一个又一个荆棘编就的花环。在顾方舟领导下的唯才是举、不拘一格降人才的氛围中，沈岩脱颖而出，从实习研究员、助理研究员、副研究员、研究员到博士生导师，没有顾方舟、吴冠芸等一大批"伯乐"，绝对培养不出这匹"千里马"。2001年，沈岩入选教育部长江学者奖励计划第4批特聘教授；2003年，当选中国科学院院士；2005年，获得何梁何利基金科学与技术进步奖；2007年，获得全国五一劳动奖章；2011年5月，当选为中国科学技术协会第八届全国委员会副主席；2013年3月，担任第七届国家自然科学基金委员会副主任；2016年6月2日，沈岩再次当选中国科学技术协会第九届全国委员会副主席。

在中国医学科学院这样的青年才俊成长的故事还有很多很多。

八年制医大必须办好

中国首都医科大学（当时的校名）的前身是著名的北京协和医学院，历经三次停办。1979年第三次复校时，教师队伍已经解散多年，校舍也被占用。随着学生陆续回到学院学习生活，研究生、专科生的不断增加，学校各项设施就远远跟不上了。教职员工们也对办好医大信心不足，甚至有了停办的声音。

顾方舟担任副院校长时就已深感问题的严重性，他与协和毕业的前任院校长黄家驷、吴阶平的观点是一致的：国家需要协和医科大学这样一所长学制、研究型、培养精英人才的学校。因此，顾方舟的观点非常明确：现在没必要再讨论协和医科大学该不该办，以及与中国医学科学院分不分家的问题，而是如何加强协

▲ 美国中华医学基金会主席昂格莱博士（右1）来院校举办国际图书管理研讨会时合影（1982年5月，前排左1顾方舟、左3黄家驷，二排右1吴阶平、左1邓家栋）

和医科大学的领导管理问题，"一套班子，两块牌子"的方针不变，目标是协同发展，相互促进，做大做强。

顾方舟提出的总体思路和具体措施是：统一管理大学本科、研究生、中专教育；建立一支以基础医学部和临床医学部为中心的教师队伍，聘请其他院所的科研人员充实协和医科大学教师队伍；重点加强为教学服务的后勤管理工作，进一步协调统筹东单片区的后勤保障工作；建立统一的教学指挥系统；统一管理学生的思想政治工作；建立校长接待日，及时听取并解决学生的问题。

当时协和医科大学学生们在出国潮的裹挟下，纷纷出国留学。由于八年制医科大学学生每届只有几十人，以致毕业时所剩无几，成为当时国内闻名的"留美

▲ 中国协和医科大学医学教育研讨会（1985年6月27日）

预备队"。舆论纷纷发出质疑，甚至有人提出停办协和医科大学八年制本科教育、只培养研究生。作为一校之长，顾方舟承受了来自各方面的压力，他坚决维护协和医科大学，并坚定不移地支持八年制的医学精英教育。他深知毕业后在国内工作或者留学深造，从长远看只是个短期效益与长期效益问题。比较而言，国内更需要的是世界一流的人才、一流的技术。国内教育与发达国家是有差距的，必须承认这个事实。近二十多年来，我国八年制医科大学不断涌现，时间与实践再次证明顾方舟是称职的校长，称得上有远见卓识的教育家。

▲ 中国首都医科大学授予美国实验动物学家徐兆光（前排右2）为名誉教授（前排右1沈其震、左2高进、左3顾方舟，1985年）

▲ 首都医院恢复名称北京协和医院（左起苏萌、黄永昌、王荣金、顾方舟、张孝骞、陈敏章、吴阶平、朱预、张义芳、戴玉华、艾钢阳，1985年6月）

▲ 顾方舟（前排中）与副校长戴玉华（前排右1）会见美国加州大学旧金山分校校长（1986年）

▲ "协和之友"基金授奖会（前排右起刘世廉、戴玉华、顾方舟、吴阶平、邓家栋、董炳琨，1986年）

▲ 1987年院校庆与协和医科大学临床八年制1979级毕业典礼同日举行。他们是"文革"后复校的第一届毕业生。图为毕业典礼后，同学们走出首都剧场合影留念

▲ 协和医科大学临床八年制1979级的四位优秀毕业生（左起：刘刚、房芳、郑盼、廖丰）

改革

20世纪80年代初，我国的建设进入改革开放时期。1983年2月9日，在中国医学科学院礼堂举行了闻名全国的首都医院（即北京协和医院）承包合同签字仪式，卫生部领导莅临。吴阶平院校长代表中国医学科学院和中国首都医科大学，欧阳启旭院长代表首都医院和临床医学研究所，分别在合同书上签字，合同规定由卫生部监督执行，卫生部副部长郭子恒在合同上签字。

什么是真正的改革？改革应当怎么搞？顾方舟任院校长后，头脑清醒、方向明确、措施得当，即使今天评判，依然可圈可点。

▲ 顾方舟在院校党代会上投票（1985年）

▲ 顾方舟为中国医学科学院黑龙江分院成立剪彩（1987年）

（1）领导体制改革：实行院、所长负责制。在顾方舟任院校长的数月间，对六个院所的领导班子进行了调整，各院所领导班子人数，从101名下降到89名，平均年龄从54.3岁下降到51.7岁，大专以上学历的干部从64％上升到76％。

（2）管理体制改革：改微观管理为宏观管理，简政放权，扩大各院所的自主权，院校主要管方向、方针、政策、计划。1985年，各院所已有权设置科室，任免科级或相应职称以下的干部。其中，协和医院、阜外医院实行了行政负责干部任命制、任期制，其他行政干部和技术干部实行聘任制，工人实行合同制；院所有权分配和使用院校拨的经费，实行了经费包干制；除某些大型精密仪器外，一律下拨经费由院所自己购置；五个院所实行了外事经费包干制，未包干的单位也

▲ 中国医学科学院浙江分院成立（左4戴玉华、左5顾方舟、左7郑澍，1987年12月）

扩大了外事管理权。

（3）科研管理体制改革：主要是加强学术管理和科技政策指导，改革科研经费的拨款制度；大力开拓技术市场，加速技术成果商品化，提高社会效益和经济效益。在此基础上，院校长批准了八个单位的改革方案。由于各院所方向、任务、性质不同，院校确定了分类管理、分类指导的原则。科研经费拨款方法改为三级管理、分类指导的办法。

（4）教育体制改革：建立校务委员会和工作例会制度，校长接待日制度，明确了各处室主管医科大学的工作人员。

（5）医疗工作改革：进一步明确医疗管理工作改革的根本目的，扩大门诊量，改进服务态度，提高医疗质量。

（6）后勤工作改革：成立后勤领导小组，明确了行政处主要为医科大学后勤服务，院校和各院所普遍成立了劳动服务公司，使后勤工作逐步实现社会化。

为了推进全院校的改革开放进程，顾方舟向出席院校工作会议的各院所明确提出：机关率先改革。机关改革总的原则是精简、统一、提高效能，核心问题是全心全意为基层服务。机关改革分两步，第一步是放权，第二步是精简机构、定岗定员、定职定责。会议之后，顾方舟责成工作组分别征求各单位的意见，哪些权已经放了、哪些权放得还不够、哪些权还没有放。在此基础上，制定一个充分的放权计划和措施。同时希望各单位正确使用各自的自主权，做好各项工作。在放权工作完成以后进行简政，建立起一套精干的、高效率的、能更好地为基层服务的职能机构。

顾方舟明确指出：今后机关工作人员实行聘任制，先从器材、行政、后勤部门开始试点。根据精兵简政、提高效率的原则，努力克服目前官多兵少、分工过细、机构重叠、层次太多的问题，从实际情况出发，合理分工，合并类似和相近的职能部门，精简副职。克服干部能上不能下，不犯错误不降职的陋习。

开拓中外医学合作

改革开放前，北京协和医学院与世界发达国家的联系中断了三十年，医药卫生领域科技水平差距已经非常明显。改革开放之后，凭借协和与英美的历史渊源，在黄家驷、吴阶平院校长的亲力亲为之下，老朋友迅速恢复了联系，新朋友也与日俱增，尤其是黄家驷和吴阶平渊博的学识和温文尔雅的学者风范，在国际交往中形成了协和一道亮丽的风景。同时，协和医科大学与日本医学界的关系也迅速升温，打破这个局面是在顾方舟担任院校长之后，契机缘于"梨树会"。

▲ 顾方舟院校长访问日本时，与中日友好团体梨树会负责人板木正一先生合影(前排为坂木正一夫妇，二排左2为医科院外事处处长罗玲，左4为顾方舟，右2为时任中国驻日大使馆文化参赞巴德年,1984年)

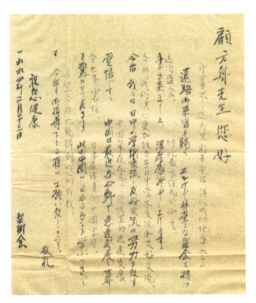

▲ 中日友好团体梨树会负责人板木正一先生给顾方舟院校长的感谢信(1995年)

抗战胜利后，人民解放军在东北吉林四平市西南的梨树县梨树台镇，建立了一所比较大的战地医院。当年为了解决医院缺乏专业人员的问题，医院负责人林士笑（原院校党委书记）把日军医院的医生、护士、检验师等一整套的人员都收留下来。以林士笑为首的管教干部，对他们嘘寒问暖关怀备至，宁肯自己吃粗粮，也要照顾他们吃米饭的习惯。这些日本医生、护士真正体会到了平等和尊重，他们跟随解放大军从东北到江南，直至全中国的解放，最后依依不舍地返回日本，他们成了中日友好的"使者"。为了纪念在梨树台那段难忘的日子，他们组织了中日友好团体"梨树会"。这批日本老人，有的成为日本著名医院的院长、科主任、名医，还有的成为知名专家、教授和学者。"梨树会"的负责人坂木正一先生，是日本医学会的会长，他的影响遍及日本医学界的各个领域。

1985年，第一次赴日代表团由林

▲ 顾方舟与林士笑书记（前排左3）、陈妙兰副院长（前排右1）会见日本友好人士坂木正一（1991年）

士笑亲自带队，"梨树会"全体会员聚集一堂，"梨树会"成员对林士笑非常的敬重和爱戴。这次赴日代表团除了院校各单位的专家教授，还有机关的科研处、教育处的管理干部，以及各医院的护士长等。日本方面带着大家参观访问，整个行程做了精心的安排。此后"梨树会"组织代表团访问中国，他们就像回到了家乡，双方建立起胜似亲人般的深厚感情。有了这层"亲戚"关系，顾方舟率领院校代表团多次

▲ 顾方舟在香山饭店与苏联老师丘马科夫院士合影（1987年）

▲ 顾方舟（右3）、戴玉华（左2）、汤兰芳（右1）会见澳大利亚坎伯兰卫生研究院外宾（1988年）

访问日本，每次访日他都亲自带队去医学院或医院进行实地考察，把适合院校需要的医疗、科研、教育、人才培养的方方面面摸清楚，也与日本医界人士建立了广泛的联系，许多互利共赢的合作项目应运而生，如医生护士的进修学习、研究所的科技合作等。众多合作项目，顾方舟均亲力亲为，穿针引线，铺路搭桥。一批科研人员在改革开放初期被派往日本、美国、英国、加拿大等国家，他们中的大部分学成归来后成为科研的骨干力量，有的成长为院士，顾方舟功不可没。

转变观念　大胆利用外援

改革开放之后，不少华人华侨、爱国人士愿意为改善国内的医疗教育条件献一份爱心。一位叫何方的美籍华人，在中美卫生协会的公司工作，因工作关系与顾方舟相识相熟。何方在协和医院看到检验科的设施陈旧，正巧他们公司有自动化的检验设备。通过他的交涉和协商，公司答应无条件赠送一批先进的检验设备给协和医院。可是在当年的历史背景下，不与资本家打交道的"规矩"还在，当何方把好消息告诉顾方舟之后，他既高兴又为难，但还是要求外事处一定把事情办好，接受赠送。

▲ 顾方舟应邀赴澳大利亚坎伯兰卫生研究院与米勒院长会谈达成两校合作协议（1989年5月）

说到医院的检验设备，曾经发生过一件苦涩的故事：那时北京只有协和、友谊两家接待外宾的医院，一位外国政要在其中一家医院做化验四五天不见报告，投诉到卫生部，理由是医院"故意

▲ 顾方舟会见美国著名妇产科专家J.Phillips教授（1991年）

拖延"出诊断报告贻误疾病治疗。当时，协和医院检验科还在用"二战"时期显微镜下观察的方法，再加上细菌的培养等，一个生化检测报告最少需要一个星期，而当时国外自动生化检验设备已经普及，因此他们以为是"故意拖延"。

▲ 顾方舟（中）、方圻（左）在多伦多大学医学院心脏研究中心主任刘宗正（右）教授实验室（1992年）

还有一件事情记忆特别深刻：中国医学科学院皮肤病研究所在"文革"时期下放到江苏泰州，与北京相比，那里的科研条件更差。顾方舟说："学者自有学者的眼光，只要技术好，人家就有可能帮助或者合作。"有了顾方舟的支持，中国医学科学院外事处积极联系世界卫生组织到皮肤病研究所考察。皮肤病研究所展现技术实力的同时，也不回避简陋的设备条件。世卫组织对我国皮肤病防治的原有印象完全改观，他们说："你们业务是高水平的，但是你们的条件设备不行，我们来帮助你们。"从此，皮肤病研究所与世卫组织建立了良好的合作关系，所里有多批次人员出国学习进修，涌现出一批国内外知名的专家学者。世卫组织还支援了不少仪器设备，改善了医疗和科研条件。皮肤病研究所与世卫组织合作的实践证明，顾方舟的分析和理念是超前的。

▲ 顾方舟在昆明医学生物学研究所会见俄罗斯医学科学院脊髓灰质炎研究所所长C.德罗兹多夫及米朗诺娃教授（1999年）

第十章

破冰之旅

1

轰动台湾

1990年11月15日，应中国台湾医学会理事长林国信的邀请，顾方舟携夫人李以莞以中国医学科学院院长、中国协和医科大学校长身份，乘飞机抵达台北桃园机场，进行为期12天的访问之旅，开启了大陆官方学者赴台的破冰之旅。

顾方舟夫妇抵达机场，台湾医学会秘书长谢博生教授在舷梯旁等候。后来才知道，为迎接顾方舟夫妇，台湾医学会费尽周折，才得以直入机场在飞机旁迎接。

谢博生秘书长与顾方舟院校长曾在北京开会时相识，谢博生低声对顾方舟说："外面一群记者等着你，见还是不见？"顾方舟坦荡道："见也无妨。"宾主双方来到机场大厅门口时，看到记者们已经恭候多时了。

▲ 顾方舟访问台湾时当地报纸的报道（1990年11月）

▲ 顾方舟访问台大医学院及台湾医学会（1990年11月）

▲ 顾方舟访问台湾临近结束时当地报
纸的报道（1990年11月）

　　顾方舟夫妇访台本是非官方活动，鉴于当时的时代背景，双方都不想大肆张扬，岂料记者们消息灵通。记者们的问题多以此行的目的、行程以及大陆的医疗教育科研状况等为主。同根同源、血浓于水，大家还谈起两岸风情，似拉家常一般，气氛顿时活跃且亲切起来。

　　在入关口，工作人员很客气地把顾方舟夫妇的护照收下并告知说："公事如此，返回时将再行发还，并祝顾先生访问愉快。"

　　在记者们的簇拥和热心引导下，顾方舟夫妇很快在机场大厅见到妹妹李以玲及全家，他们已经迎候多时。以莞、以玲姐妹已分别近40年，相见无语凝噎，只是抱头流泪，一旁的顾方舟也不禁哽咽，第二天台湾各报都把这感人肺腑的场面刊登在显著的位置上。

校友情　师生情

　　顾方舟来台前特别希望能与台湾的协和校友见面叙叙旧，专门请台湾医学会的朋友代为联络。抵达台北的当晚，这个美好的愿望就实现了。为欢迎"远来的嘉宾"，台湾大学医学院特别安排了"协和医大在台校友为顾校长举行欢迎晚宴"。当时，老协和医学院在台校友不到10人，前来聚会的有七八位。1932届的老学长颜春晖先生曾任台湾"卫生署署长"，1937届的杨文达先生曾是首任"军医局"局长，年纪最轻的洪钧教授也已72岁。顾方舟笑着跟已88岁的杨文达教授说："看起来，您比我还年轻呢。"随后顾方舟紧握84岁的颜春晖教授的手，恭敬地叫了声"老师"。

　　当年北医学子顾方舟，在微生物课上与颜先生结下了师生之谊。顾方舟娓娓道来当年颜先生的一节微生物实验课：当时颜先生以"如何照顾实验用豚鼠"为

▲ 谢博生秘书长夫妇陪同顾方舟夫妇访问高雄私立高雄医学院，受到谢献臣院长等人热烈欢迎（1990年11月）

▲ 顾方舟夫妇访问台北市荣民总院，受到院长罗光瑞（右1）、阳明医学院院长韩韶华（左1）的亲切会见（1990年11月）

题，提醒学生们对动物也要有爱心，这番教导顾方舟铭记在心。老师的传道授业顾方舟45年后仍不能忘怀。

台北美好的夜晚，道不尽的共同话题。海峡两岸的协和校友，终于实现了历史性的欢聚。台湾《民生报》记者姚淑燕以"那群在医学塔尖上的老人"为题，报道了这次充满温情回忆的欢聚。

"龙头"登场

顾方舟的台湾之行，当地报纸纷纷以"大陆医界'龙头'来访，寻求合作""研讨两岸医学交流方式"等报道。台方在医学交流方面寄予厚望，各报在报道顾方舟伉俪抵台消息时，差不多都在标题上点明了这个主题，"两岸医学交流门扉开启""此行将研讨两岸医学交流方案""两岸医学交流迈开步伐！"和副题"顾方舟夫妇抵台洽商合作事宜并了解我医学进展"。

顾方舟在机场回答记者提问时很诚恳地表示："医学交流的方式是两岸共同关心的问题。此次来访，一是了解台湾医学界的现状；二是希望找出两岸在学术与临床共同感兴趣的问题，洽商可能开展的合作交流事宜；三是加强两岸交流，增进相互了解和友谊。"顾方舟此次来台的正式身份是台湾医学会第83届年会的特邀嘉宾。1990年11月16日上午的年会开幕首场报告会上，顾方舟做了"中国大陆医学科学研究概况"的演讲，成为台湾医学界瞩目的焦点。台北国际交流会议中心的会场内座无虚席，连两旁的过道都挤满了听众。

由于两岸长期讯息不通，台湾对大陆医疗科研的水平不甚了解，尤其是大陆在肿瘤、心脑血管、呼吸系统等重大疾病的研究进展，令听众耳目一新。特别是大陆在20世纪70年代，历时5年，发动百万余名医务人员，调查近8亿人口，耗资人民币3亿元，完成的《恶性肿瘤地图集》，被惊为大陆学界的大手笔。这本地图集出版后，引起美国癌症研究院的注意，并参考中国大陆的做法，调查美国的癌症分布。他们认为大陆在条件缺乏的情况下，靠人工完成这样大的流行病学调查工程，确实了不起，值得借鉴。

宝岛不虚行

众所周知的原因，两岸剑拔弩张的表象下，缓和的暖流在中国改革开放后开始涌动，大陆显然是主动的一方。

统一情结，从毛主席到邓小平一脉相承，顾方舟院校长的台湾之行意义非凡，他们夫妇也是最佳人选。李家有一位两岸都非常认同的人，即李以莞的五叔李耀滋。邓小平提出"一个国家两种制度"的概念，就是在1982年1月11日，邓小平会见李耀滋时首次提出的，李耀滋为此不断向全球华人传递这一信息。1979年，李耀滋继杨振宁之后被推举为美国华人协会主席，热心促进海峡两岸统一大业和中美之间友好交往。

时势机缘，大陆医学界"龙头"首次访台，十分成功，收获满满。

第一，开启了大陆高级干部访问台湾的破冰之旅，架起了两岸医学界友好交往的桥梁。

第二，在台湾第一次全面介绍大陆在医学临床科研教育方面的情况，阐述政策观点，宣传医教研成就。

第三，首次访问虽然短暂，但达成了富有成效的合作意向：①为发挥台方临床医学的优势，顾方舟明确表示支持台湾医界在北京创办医院、在北京设办事处；②为发挥大陆基础医学的人才优势，台方希望引进大陆师资填补台湾基础医学教师的空缺，顾方舟给

▲ 林国信向顾方舟院校长赠送林夫人陈秀慧手书的条幅（1991年10月）

▲ 顾方舟与来访的私立高雄医学院谢献臣院长在北京协和医学院三号楼前（1991年）

▲ 顾方舟随中华医学会代表团再次访台（1993年6月）

予了积极的回应；③双方对于能够承认对方学历、互派交换生的问题，提出了积极的解决办法；④在医学科研方面，鼻咽癌、肝癌、肝炎均是两岸共有的健康威胁，有共同兴趣的题目，可加强交流并分享经验和成果。

第四，连接起了两岸协和校友的亲密纽带，开启了协和与台湾各医学院的校际交流。

第五，顾方舟访台名义上是医界的民间交流，但两岸"龙头"均有"官方"的身份，其会谈的实质无异于"官方"的会谈。台湾"医院行政协会"理事长、"立法委员"杨敏盛明确指出："两岸统一势所必然，由于政治家太重意识形态，可能要由比较务实的医学家来推动。"报纸报道称：顾方舟教授宝岛行收获丰硕，医界无法不为之"感到振奋""为两岸医学交流搭起实质性桥梁"。

1990年11月26日，顾方舟夫妇圆满结束12天访问之旅，假道新加坡回到北京。谢博生秘书长、林国信院长等到机场热情欢送，桃园机场也给予了贵宾级待遇。

顾方舟1990年的破冰之旅，为两岸走向"九二共识"做出了重要的贡献。

▲ 顾方舟二次访台，拜会老协和医学院微生物学教授、第一任台湾"卫生署署长"颜春辉先生（后右1）与前台大医学院院长林国信先生（左1）（1993年6月）

▲ 代表团全体成员参观台湾东西横贯公路（1993年6月）

▲ 代表团成员参观高雄医学院附设中和纪念医院（1993年）

实至名归

1987年根据英国皇家内科学院院长推荐，经院士会选举，顾方舟当选为英国皇家内科学院荣誉院士。1991年，顾方舟因其在病毒学、免疫学等方面的杰出贡献，当选第三世界科学院院士。顾方舟还荣膺澳大利亚坎伯兰卫生科学院名誉院士（1989年），欧洲科学、艺术、文学科学院院士（1990年），国际科学联盟理事会（ICSU）国家成员（1994—1996年），何梁何利基金评选委员会委员（1994年）。

▲ 英国皇家内科学院院士证书

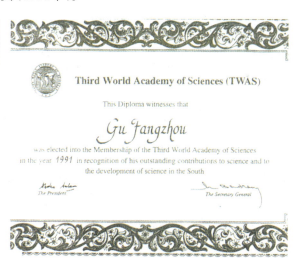

▲ 顾方舟获第三世界科学院院士证书（1991年）

▲ 澳大利亚坎伯兰卫生科学院授予顾方舟（左3）与中山大学医学院彭文伟校长（左4）名誉院士称号（1989年5月，左起：米勒院长、顾方舟夫人李以莞，右2彭文伟夫人）

▲ 顾方舟出席在印度新德里召开的第三世界科学院第13届院士大会及第8次学术大会（2002年10月，中立者为主席Dr.Rao）

中国免疫学会理事长

1984年8月，中国科协国际部筹建"中国参加国际免疫学会联合会联合委员会"，主席为顾方舟教授。同年9月，他代表中国参加了国际免疫学会联合会第二十二届理事会，成为正式会员国。

学术组织一般有会刊作为学术交流的平台，当时国家百废待兴，科研经费非常紧张，办刊的费用不知何时才能落实。顾方舟和几位教授凑了几万元，在1985年1月创办了《中国免疫学杂志》。

创建"中国免疫学会"一直是顾方舟的心结。1986年9月，在他和谢少文、吴安然等著名免疫学家的倡议下，"中国免疫学会筹委会"成立。向国家科委和卫生部递交了"申请成立中国免疫学会、挂靠中国医学科学院"的报告。1988年10月，报告得到了国家科委的批准。

▲ 中国免疫学会组织工作会合影

　　1989年12月1日，中国免疫学会第一次全国会员代表大会在成都召开。来自全国26个省、市、自治区的72名代表，选举出了由43名理事组成的中国免疫学会第一届理事会，选举顾方舟为理事长，吴安然、龙振洲、何球藻、杨贵贞为副理事长，陈绍先为秘书长，陈慰峰为副秘书长。

　　在顾方舟的积极推动下，学会成立后的第二年，即1991年就开展了多项学术活动：6月在长春召开家禽传染病防治学术研讨会；9月在上海召开第一届临床免疫学学术年会；10月在重庆召开第一届基础免疫学学术年会；9—10月在北京中国丹麦医学生物学进修生培训中心举办专题研讨班；11月在福州召开畜牧兽医生物技术研讨会。我国免疫学学术活动空前活跃，20余年来中国免疫学会实现了跨越式发展和国际影响力的巨大提升，通过每年召开"全国免疫学学术大会"、举办不同针对性的继续教育活动，吸引和团结广大免疫学领域科技工作者，目前是全球第一大免疫学会。学会主办6种学术期刊，分别是：*Cellular & Molecular Immunology*（*CMI*）《中国肿瘤生物治疗杂志》《中国免疫学杂志》《免疫学杂志》《细胞与分子免疫学杂志》《中国神经免疫学和神经病学杂志》。

　　2012年10月18日，中国免疫学会第八届免疫学全国学术大会于重庆国际会展

▲ 全国名词委免疫学名词审定第一次会议全体代表合影（2001年2月16日）

中心召开，顾方舟荣获第三届中国免疫学会终身成就奖。

中国生物医学工程学会理事长

1980年全国科学大会召开，科学的春天来临。面对中国与世界拉开的巨大差距，在时任中国医学科学院院长黄家驷的倡议下，生物医学工程专业学科组经国家科委正式批准成立。卫生部部长钱信忠任名誉主任委员，黄家驷任主任委员，清华大学校长高景德、国家科委李寿慈任副主任委员，国家科委主任方毅颁发了聘书。

1985年，中国生物医学工程学会在山东烟台召开了第二次全国会员代表大会，选举产生了以顾方舟为理事长的第二届理事会。1988年，在山东淄博召开了第三次全国会员代表大会，顾方舟连任学会理事长。其间，顾方舟积极推进学会的国内外技术交流与合作。1986年，中国生物医学工程学会正式成为国际医学与生物工程联合会的团体会员。

顾方舟就任生物医学工程学会理事长期间，主编出版了颇有影响的专著《生

▲ 顾方舟在北京远东国际生物医学工程学会学术大会上与周培源院士交谈

物技术的现状与未来》《医学科学与生物医学工程》，彰显顾方舟的专业底蕴。

▲《中国生物医学工程学报》
中文版

▲《中国生物医学工程学报》
英文版

▲《中国心脏起搏与电生理杂志》

北京市科协主席

　　1991年1月，顾方舟就任北京市科协第四届主席。作为北京市科协主席，顾方舟提出中国特色的科协应有三大特点：一是，科协的学术交流和科普工作，这是我国科技团体的传统，也是一大特色；二是，参政议政，科协要通过政协以及其他渠道，以多种方式向党和政府提供咨询建议，发挥桥梁、纽带作用，反映广大科技工作者的意见、呼声；三是，要围绕党和政府的重点

▲ 北京市科协四届一次全委会上顾方舟当选为北京市科协主席（1991年11月13日）

工作，开展活动。

　　根据顾方舟的建议，在北京市科协第四次代表大会闭幕式上，北京市市长代表市委、市政府，同意由市科协组织建立市长听取科技专家意见的"季谈会"制度。五年间，市科协在开展学术研讨的基础上，

▲ 顾方舟（左1）与中国科学院院长周光召（中）等在全国政协会上合影

认真选题，组织科学技术专家召开"季谈会"12次，71位中央单位专家、53位北京市专家、12位市领导先后出席。专家提出具体建议300余条，内容涉及提高京郊农业的质量和效益、首都发展战略研究、修订首都北京总体发展规划方案、解决首都电力供应不足途径、改善城市环境、缓解水资源短缺、防灾减灾对策、科技扶贫、加快北京新技术产业开发试验区发展建设、加强科学普及和实施首都信

▲ 顾方舟（中）参加中国科协第六次全国代表大会，与徐光炜、杨子彬等合影（2001年6月22—25日）

▲ 在何梁何利基金2001年度颁奖大会上，顾方舟（左）与生物技术研究所甄永苏（右）同获科学技术进步奖（2002年）

息化工程等方面。现在"季谈会"已成为北京市科协精品活动之一。

顾方舟特别关心京郊农村的发展，关心基层农村科技人员的工作与生活，注重发挥科协在科技扶贫中的作用。1994年，顾方舟和驻会副主席率领24个学会和厂矿科协的百余位专家，先后18次到昌平区老峪沟、房山区蒲洼乡和密云区太师屯镇、马场村等10个贫困乡村调研，帮助解决实际问题。

顾方舟认为科普工作是科协和学会的主要社会职能，科协要面向基层和青少年开展丰富多彩的科普活动。1995年年初，市科协在顾方舟领导下，向北京市政府提出按人口数设科普经费和建立每年一次科技周的建议，两项建议均被市政府批准实施。1995年5月，北京市首届科技周以"科技是第一生产力"为主题，组织青年学术年会、新技术新成果录像片巡展、送医下乡、科研院所和大专院校实验室开放、青少年科技博览会等科技活动2000余项，参加人数超过20万人次。1996年，顾方舟参加了"科学·文明·健康"为主题的第二届北京科技周，本次活动参与人数达261万人次。

严师高徒

病毒室建立时顾方舟才正式开始带研究生，当时他已经五十多岁了，而且此时他的第一位工作是要担负繁重的行政管理工作。顾方舟不仅劲头十足地攀登生物技术的新高峰，还要在新兴学科上为国家培养青年才俊。

顾方舟把在苏联留学时导师严格要求自己的方法，加上自己几十年的科研感悟，形成了一套独具特色的育才方法。顾方舟要求开题报告一定要做得好，但他只是指点引导，一切要学生自己认真广泛地查阅文献，建立起自主学习的习惯。做试验更是要认真细致一丝不苟，试验记录必须详细完整准确。如果是随手记在纸头上，最后也要工工整整誊写在试验记录本上，而且这个纸头也不能扔，要附在记录本上，他随时要检查。

顾方舟凡是布置的工作，一定要亲自检查。他安排的事情总要看看出了什么问题没有、问问有什么困难等。有一天，顾方舟来实验室，见到有个研究生不知道在忙什么，就问她："你在干什么呢？交给你的工作做了吗？"那个研究生说："还没有。"她没有告诉顾方舟为什么没做，顾方舟也没有追问她为什么没做，顾方舟只是说："那你马上做吧。"她以为顾方舟走了，不知哪天才来，就继续忙自己的事情。谁知顾方舟傍晚又来了，见到那个研究生就问："试验做好了吗？给我看看。"这件事对那位研究生触动很大，虽然顾

▲ 顾方舟与协和医科大学学生合影

▲ 顾方舟与第一个研究生刘阳的合影

▲ 与协和医科大学临床八年制学生亲切交谈

方舟一句重的批评话也没说她。

　　曾经是美国俄亥俄州立大学医学院免疫室主任、教授的刘阳博士，是顾方舟带的第一个研究生。当时，不大的病毒室只有他一个研究生，大家对他的关注就多一些。刘阳既受到鞭策，又感到压力。但是，随着与顾老师的接触越来越多，他感受到老师不愧为大师，几句话就能让他茅塞顿开。他不仅不再读死书，而且动手能力越来越强，试验越做越漂亮，还参与了顾方舟领衔的"七五规划"项目。出国后，刘阳一进入实验室，立即以娴熟的技能赢得研究室主任的青睐。

　　彭小忠是顾方舟招收的最后一位研究生，也是交往最多的学生。2019年1月6日上午，在中华预防医学会和中国医学科学院联合举办的顾方舟教授追思会上，彭小忠几次哽噎："我和顾老师有一种缘，这种缘始于1988年，当时我刚到中国医学科学院医学生物学研究所工作，就拿到了一本顾老师编的《脊髓灰质炎》小册子。后来我在北京协和医学院读博士，顾老师是我的导师。他教我最多的是怎么做人、做事、做学问。在他所有的学生里，我是跟顾老师接触最多的一个。"

美满姻缘

熟悉顾方舟的同事和邻居，都羡慕他婚姻美满、家庭幸福。

女儿顾晓曼说："爸爸是个很浪漫的人，从出门就可以看出来。我爸出门要拉

▲ 历尽风雨，忠贞不渝（1997年）

▲ 全家福

▲ 顾方舟夫妇金婚之际与爱女　　▲ 圣诞节之夜，顾方舟夫妇与爱女合影留念
　　合影留念（2001年）

▲ 顾方舟与长孙顾博在天安门前（1990年）　　▲ 顾方舟与夫人李以莞和女儿、孙子孙女在北京怀
　　　　　　　　　　　　　　　　　　　　　　柔宽沟

着我妈的手，表示对老伴的关怀。我妈走得快就把他给甩开了。我爸说：'你看看我想和你亲热一下，总是遭到你的拒绝。'"

　　顾方舟的一生激情四射：结社、游行、演戏、入党、做大医生。他一生不竭的激情是夫妻家庭快乐美满的动力源泉。

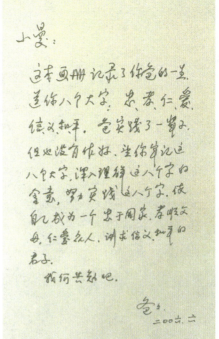

▲ 顾方舟在八十寿辰时，学生们编辑出版的纪念画册（2006年）

▲ 顾方舟在纪念画册上写给女儿的赠言（2006年）

▲ 顾方舟在医学生物学研究所疫苗生产车间向技术人员询问疫苗生产情况（2011年11月17日）

▲ 顾方舟与老同事赵玖久别重逢（2011年12月18日）

▲ 顾方舟与老同事重返花红洞(一排左起: 汤洋、仲志磊、杨舜乔, 二排左起: 李以莞、尹芳、顾方舟、王志华、杨志和, 后排左起: 吴俊、刘静、游丹、王影, 2011年12月18日)

尾声 第十二章 1

青史永存

2019年1月2日，顾方舟在北京协和医院因病逝世，享年92岁。遵照顾方舟后事从简的遗嘱，讣告通知遗体告别仪式于1月6日在协和医院告别室举行。

"糖丸爷爷走了"的消息引发社会无尽的哀思，成为各大媒体的头条新闻。一篇篇关于顾方舟的故事，催人泪下，撩动全国人民的心弦。参加告别仪式的各界人士之多超出预料，告别仪式改为1月8日在北京八宝山殡仪馆兰厅举行。

隆冬时节，万木萧疏，八宝山殡仪馆愈加肃穆庄严。兰厅大门两侧的大幅挽联"为一大事来鞠躬尽瘁，做一大事去泽被

▲ 院校领导在灵前鞠躬默哀

151

▲ 院校各单位代表与社会各界向老院长鞠躬默哀

▲ "为了祖国的花朵 - 人民科学家顾方舟纪念展",在宁波逸仙楼隆重举办

▲ 纪念展上,顾晓曼给翰香小学的学生们讲父亲的故事

子孙",映射出顾方舟国家利益至上的家国情怀。

顾方舟的亲属、生前好友、老同事和学生以及慕名而来的各界人士1000余人,依次步入告别大厅。顾方舟逝世后,中央和国家有关部门领导发来唁电唁函,或敬献花篮、花圈,以不同的方式对顾方舟的去世表示深切哀悼。

2020年1月2日,由宁波市科协主办,宁波经促会等单位协办的顾方舟先生逝世一周年追思会、"顾方舟精神研讨会"和"为了祖国的花朵——人民科学家顾方舟纪念展",于同日隆重举行。宁波市委副书记宋越舜出席并致辞,宁波经促会副会长兼秘书长黄士力出席。顾方舟的女儿顾晓曼及亲属、中国医学科学院、中国科学创新战略研究院以及各界代表一百多人参加了追思会。

最高荣誉

2019年在庆祝中华人民共和国70华诞的盛大活动中,叶培建、吴文俊、

▲ 荣膺"人民科学家"国家荣誉　　▲ "人民科学家"国家荣誉勋章
称号

▲ 人民科学家顾方舟

南仁东、顾方舟、程开甲被授予了"人民科学家"的国家荣誉称号，颁授仪式于9月29日上午10时在人民大会堂隆重举行。顾方舟的女儿顾晓曼代表父亲，领取了国家荣誉称号奖章。

2020年5月17日晚8时，"感动中国 2019 年度人物颁奖盛典"，在中央电视台

▲ 顾晓曼代父亲领取了"2019年度感动中国"奖杯

综合频道播出。人民科学家顾方舟以"护佑中国儿童的糖丸爷爷",获得"感动中国2019年度人物"的殊荣。盛典上的颁奖辞,字字句句感天动地:舍己幼,为人之幼,这不是残酷,是医者大仁。为一大事来,成一大事去。功业凝成糖丸一粒,是治病灵丹,更是拳拳赤子心。你就是一座方舟,载着新中国的孩子,渡过病毒的劫难。

顾晓曼代替父亲领取了感动中国奖杯。

著名文学家臧克家的名言:有的人活着,他已经死了。有的人死了,他还活着。是啊!顾方舟还活着,他将在人民心里永生!

我们相信!